VOO EMPRESARIAL
DO SOLO AO CÉU DOS RESULTADOS

Fabio Laercio F. Esposito

© Copyright 2026 de Fabio Laercio F. Esposito
Arte da capa: Fabio Laercio F. Esposito
Finalização da Capa: Diolene Machado
Projeto gráfico e diagramação: Diolene Machado

Dados Internacionais de Catalogação na Publicação (CIP)
(Câmara Brasileira do Livro, SP, Brasil)

Esposito, Fabio Laercio F.
   Voo empresarial : do solo ao céus do resultado
/ Fabio Laercio F. Esposito. -- Santana de Parnaíba,
SP : Ed. do Autor, 2026.

   ISBN 978-65-83191-20-5

   1. Autoajuda 2. Liderança 3. Motivação no
trabalho 4. Negócios I. Título.

25-322672.0   CDD-158.1

Índices para catálogo sistemático:
1. Autoajuda : Conquistas : Psicologia aplicada
      158.1
   Livia Dias Vaz - Bibliotecária - CRB-8/9638

Do Solo ao Céu dos Resultados

"Lições de Autocuidado para Voar Alto na Vida e nos Negócios"

(Decolar é Fácil. Pousar é Estratégia.)

Propósito deste Livro

Este livro nasce da vida. Dos erros que doem, dos acertos que chegam com o tempo, e dos dias em que tudo parece sair do eixo — mas a esperança insiste em continuar.

Depois de cinco décadas vivendo a realidade empresarial, percebi algo essencial: muitos empreendedores atravessam uma fase delicada em suas empresas, sim... mas é o próprio dono que está emocionalmente esgotado, sem forças para reagir. A empresa, quase sempre, apenas reflete o estado de quem a conduz.

E é por isso que este livro não é só sobre negócios — é sobre gente. Sobre você, que já empreende ou que sonha tirar sua ideia do papel. Antes de criar um CNPJ, você precisa construir uma base firme dentro de si. Porque empreender exige coragem, clareza, energia e resiliência.

Este livro é um convite à reconstrução — ou à construção consciente, caso você esteja começando. É uma ponte entre sonhos e preparo. Um guia emocional, prático e simbólico, feito para quem vai pilotar sua própria jornada profissional e não quer cair por falta de combustível interno.

Seja você alguém à beira da desistência ou apenas começando a taxiar na pista: este é o momento de acionar os motores e assumir o manche da sua jornada.

Vamos juntos?

Para quem é este livro

Este livro foi escrito pensando em dois perfis fundamentais no universo dos negócios:

1. **O empreendedor em crise**
   Se sua empresa não anda bem e você sente que já tentou de tudo, aqui

   encontrará:

   -Um caminho para recuperar sua confiança e autoestima, antes de qualquer

    ação externa

   -Ferramentas práticas para diagnosticar o que realmente emperra seu negócio

   -Um plano passo a passo para reconectar energia pessoal e reinjetar fôlego na

    Empresa

2. **O aspirante a empreendedor**
   Se você sonha em abrir seu próprio negócio, este é o ponto de partida ideal. Aqui você descobrirá:

   -Os desafios emocionais e estratégicos que ninguém ensina na faculdade

   -Como usar a preparação mental para tomar decisões mais seguras desde o primeiro dia

   -Lições reais de quem já passou por crises, validou soluções e hoje voa com total segurança e confiança.

Como Usar Este Livro

- **Leitura reflexiva:** Vá com calma. Cada capítulo traz provocações, ideias e exercícios. O objetivo não é acelerar, mas absorver.

- **Aplicações práticas:** Ao final de cada seção, você encontrará sugestões que podem ser adaptadas à sua realidade — não há receita pronta.

- **Motivação ao longo da jornada:** Espalhei trechos motivacionais e histórias reais para iluminar seu caminho e lembrar que você não está sozinho. Mas, lembre-se sempre, o verdadeiro voo não é sobre altitude — é sobre direção. Cada página pode ser um impulso. Cada escolha, uma manobra. E a cabine? É sua consciência. Prepare-se, pilote e voe com propósito.

- **Use como guia e caderno:** Anote, rabisque, volte a capítulos anteriores. Este livro é uma companhia — não uma palestra.

Se você chegou até aqui, já está em movimento. E movimento é vida.

Panorama das Três Grandes Etapas: Eu, Empresa e Integração

Esta jornada acontece em três atos — como um plano de voo que começa no interior do piloto, passa pela estrutura da aeronave e culmina na sincronia entre comandante e tripulação. Cada etapa representa um avanço na consciência empreendedora, conectando energia pessoal aos resultados empresariais.

Etapa 1: Eu — Piloto Privado

Aqui, o voo é interno. O foco está no autoconhecimento, na leitura precisa dos instrumentos da cabine emocional e na preparação pessoal antes da decolagem. É o momento de mapear autoestima, energia e clareza de propósito. O checklist pré-voo não é técnico — é íntimo. Você aprende a reconhecer seus limites, calibrar sua motivação e alinhar seus valores com a rota que deseja seguir.

Etapa 2: Empresa — Piloto Comercial

Agora, o voo ganha pista e estrutura. É o momento de sair do hangar das ideias e entrar na rota da execução. O foco se volta para o planejamento claro, a organização dos processos e a tomada de decisões com visão estratégica. Você começa a enxergar o cenário com mais amplitude, ajusta os instrumentos de navegação e prepara sua aeronave para operar com segurança e eficiência.

O radar passa a captar riscos e oportunidades, e o combustível — tempo e energia — é direcionado com inteligência, garantindo que cada movimento leve você mais perto do seu destino.

Etapa 3: Integração — Comandante

Neste estágio, o voo deixa de ser solo e passa a ser coletivo. O foco é alinhar visão pessoal com resultados organizacionais. Você se torna mentor, cultiva uma cultura de melhoria contínua e opera com dashboards avançados que revelam mais do que números — revelam impacto. A liderança se transforma em legado, e a governança em voo conjunto. Você não apenas pilota: você inspira outros a voarem com você.

Ao embarcar você era apenas alguém no pátio, observando aeronaves e sonhando com o voo. Ao final, terá se tornado o *Comandante da sua carreira* — capaz de decolar com propósito, navegar com clareza e pousar com excelência nos destinos que escolher.

*Embora todo Comandante seja, por definição, também um Piloto Comercial, neste livro adotamos o termo "Comandante" como símbolo da maestria que você conquistou. Ele representa não apenas o domínio técnico, mas a liderança consciente, estratégica e inspiradora que emerge quando você aplica os conhecimentos adquiridos e realiza as práticas propostas — alcançando, enfim, o aeroporto designado por você.

Sumário de Bordo

Prefácio

Bem-vindo à cabine, piloto.

Seja você um comandante experiente lidando com tempestades empresariais ou um aspirante sonhando em decolar, este livro é o seu plano de voo. Aqui, não há espaço para rodeios: vamos direto ao ponto de quem quer restaurar energia, confiança e propósito — antes de qualquer estratégia de mercado.

Há cinco décadas navego pelos céus do mundo dos negócios. Já tive o painel interno em alerta máximo, com autoestima em queda e motivação no limite. Vivi crises que exigiram pausas técnicas e conquistas que reacenderam meus motores. Foi nessa mistura de turbulência e triunfo que descobri: sem um piloto emocionalmente preparado, qualquer rota corre risco.

Cada técnica, metáfora e exemplo citado neste livro foi testado ao longo de anos de voo real — dos corredores de hiperinflação às janelas digitais das startups. Não é teoria empoeirada: são manobras que funcionam para quem precisa reerguer um negócio ou para quem ainda está desenhando sua primeira rota.

Prepare seu altímetro interno e acione o piloto automático consciente. Sua jornada começa agora — e eu estarei ao seu lado em cada leitura, cada exercício e cada turbulência.

Aperte o cinto. Vamos decolar?

ETAPA 1

Eu: O Piloto na Cabine

"Antes de comandar a aeronave, é preciso garantir que o piloto esteja em condições de voo."

A ntes de qualquer estratégia comercial, o foco precisa estar em você. Esta etapa é indispensável — seja para quem deseja retomar o controle de uma empresa em crise ou para quem está se preparando para empreender pela primeira vez. Afinal, voar — nos negócios ou na vida — exige que o piloto esteja emocionalmente pronto.

É aqui que começa o verdadeiro voo. Você assume o manche da própria jornada, fortalece sua autoestima, canaliza sua energia e conquista clareza sobre o destino que deseja alcançar. Sem esse alinhamento interno, qualquer rota externa se torna instável.

Esta etapa é para você:

- **Se vai começar do zero:** Oferece a base para o domínio emocional necessário para sustentar os desafios da empreitada. Empreender exige mais do que técnica — exige confiança, coragem e energia bem direcionada.

- **Se precisa se recuperar:** Este é o ponto de aterrissagem emocional. Antes de tentar comandar a aeronave, é preciso garantir que o piloto esteja em equilíbrio. Só assim é possível retomar o controle e traçar uma nova rota com segurança.

Ferramentas e Práticas

Avaliar honestamente autoestima e moral:

Usar instrumentos, escalas, exercícios de reflexão e feedbacks para identificar onde estão seus pontos fortes e suas fragilidades emocionais.

Identificar gatilhos de estresse e padrões emocionais:

Reconhecer situações e comportamentos recorrentes que sabotam seu equilíbrio e seu desempenho.

Implantar rotinas de pausa, desconexão e autocuidado:

Construir rituais que recarregam sua energia e sustentam a performance com consistência.

Resgatar propósito, motivação e autoconfiança:

Relembrar suas razões mais profundas para empreender, criar e seguir em frente — mesmo diante da turbulência.

Criar um "diário de emoções" para guiar seu progresso:

Registrar pensamentos, emoções e pequenas conquistas para acompanhar sua evolução emocional como piloto da própria vida.

Resultado Esperado

-Mente mais leve
-Energia renovada
-Clareza sobre o que realmente importa
-Base emocional pronta para sustentar decisões empresariais e criativas com solidez

Soou o Alarme de Crise

"Cheguei em casa depois de um dia nada gentil. O coração acelera quando a realidade confirma o que a cabeça tentava ignorar: a conta de luz venceu e a companhia elétrica não perdoou. A Eletropaulo, a época, não estava só. Tinha uma pequena fila. A taxa de condomínio estava atrasada, o colégio das minhas filhas idem, bancos e fornecedores então...

O mundo parecia ter apertado o botão de "pause" justo na minha vida.

Ao abrir a porta, fui recebido pelo silêncio e pela penumbra. As luzes mortas, e duas adolescentes em companhia da mãe, o maior presente de Deus que recebi, todas com olhares que misturavam dúvida e confiança: "Pai vai dar um jeito." E eu teria que dar.

Como bom brasileiro — e empresário com diploma em sobrevivência — recorri ao plano B... ou melhor, ao plano W. "W" de Wanderley. Ele morava no mesmo bloco, mesma coluna, dois andares abaixo. Amigo de fé, irmão, camarada. Mandei mensagem: "Wanderley, preciso de uma tomada emprestada."

A ideia era simples (na teoria): jogar uma extensão pela janela da área de serviço e conectá-la à tomada da área dele. Dava pra imaginar o roteirista de comédia se divertindo com essa cena — dois homens tentando enfrentar as leis da física e da eletricidade com uma extensão de 20 metros.

Deu certo. Por 1 minuto. Depois... BANG! Disjuntor do Wanderley derrubado. A geladeira, voraz como um trator elétrico, fez os disjuntores gritarem.

Fui até o sétimo andar, com cara de desculpas e espírito de eletricista. Religuei tudo. Desta vez, sem geladeira. Só o básico pra não deixar minha família no escuro.

Naquela noite, com luz forte e moral fraca, pairou um silêncio denso no ar, percebi que pagar a conta de energia seria um passo, mas estava longe de ser uma caminhada vigorosa. Era hora de religar os disjuntores da minha vida também. Organizar, rever escolhas, ajustar prioridades.

Porque às vezes, é na escuridão que a gente acende as ideias mais importantes".

Este episódio me ensinou que se eu não organizasse minha vida pessoal, as contas nunca se acomodariam.

Naqueles dias tinha a impressão de estar correndo numa esteira emocional que não parava. Cada dia trazia novos imprevistos e, no fim, eu mal respirava. Foi aí que o Plano "W" trouxe a energia de volta ao meu apartamento e decidi: antes de procurar soluções para a empresa e os negócios eu tinha de encontrar algo que reacendesse também minha fé e minha energia.

"Uma mente que descansa por instantes é capaz de enxergar o caminho que estava ali o tempo todo."

Na manhã seguinte ao apagão, lancei-me ferozmente em busca de uma venda que me permitisse desconectar do Plano W, literalmente. Fechei um negócio que colocou algumas contas em dia — ainda que longe de resolver tudo. Com aquele fôlego extra em mãos, investi o recurso mais urgente: em mim mesmo. Eu precisava de uma pausa de verdade — algo distinto da rotina de apagar incêndios que me fizesse esquecer o peso e a pressão acumulados ao longo do dia. Buscava uma atividade capaz de absorver minha atenção por completo e renovar minha energia. O que seria totalmente fora da curva? Opa! Matriculei-me no curso teórico de piloto privado de helicópteros no Aeroclube de São Paulo. Totalmente distinto do meu dia a dia. Se me inscrevi nas aulas teóricas seria obvio que também nutria o sonho das aulas práticas, e avancei para a etapa seguinte: a bateria de exames médicos no Hospital da Aeronáutica.

Check-up do Comandante — Do Corpo à Mente

Lembro-me claramente daquele dia: a porta se abriu e entrei no Hospital localizado a Avenida Olavo Fontoura em São Paulo, Capital. O ambiente tinha cheiro de limpeza e expectativa. Peguei minha senha. Eu sabia que, antes de colocar as mãos nos comandos de uma aeronave, precisaria provar — para mim e para os avaliadores — que estava física e mentalmente pronto. Cada etapa era meticulosa, quase ritualística.

Passei pelo **exame cardiológico**: eletrocardiograma em repouso, teste ergométrico, ecocardiograma. Depois, a **avaliação respiratória** com espirometria, para medir a capacidade dos meus pulmões. Seguiu-se o **teste auditivo**, onde sons agudos e graves revelavam a precisão da minha audição. Vieram os **exames de visão** — acuidade para perto e longe, percepção de cores, profundidade. No laboratório, colhi sangue para hemograma, glicemia, perfil lipídico, funções renal e hepática. Enfrentei ainda o **teste toxicológico**, para garantir que nenhuma substância comprometesse meu desempenho. A **avaliação psicológica** mediu raciocínio, atenção, resistência ao estresse e perfil comportamental. O **exame neurofisiológico** analisou a atividade elétrica do meu cérebro. E, por fim, os **exames radiológicos**: seios paranasais, arcada dentária, tudo registrado.

Agora, quero que você se imagine nesta mesma posição: passando por uma bateria de avaliações que não medem apenas seu corpo, mas sua estrutura **emocional**.

No nosso voo — o da sua vida e do seu negócio — os exames são outros:

- Vamos "auscultar" a **autoestima** e o ânimo.

- Testar a resistência a **gatilhos emocionais**.

- Medir a capacidade de "respirar" sob pressão.

- Avaliar a clareza de visão sobre seu propósito.

- Detectar bloqueios e padrões que possam comprometer sua performance.

Ao longo do capítulo, vou descrever cada exame emocional com o mesmo cuidado que um check-up aeronáutico. Quero que você visualize a cena, se sinta no consultório, perceba cada "medição" — e que, ao sair, esteja oficialmente pronto para assumir o manche como **piloto da sua própria jornada**.

Enquanto aguardava minha senha ser chamada entre um procedimento e outro, percebi algo que mudaria minha forma de pensar sobre saúde, carreira e propósito: para comandar uma aeronave, exige-se plena saúde física e mental. E para comandar uma empresa? Para liderar uma equipe? Para empreender com coragem e consistência? O mesmo princípio se aplica — só que os exames são outros.

Naquele momento, nasceu uma analogia que me acompanha até hoje: se o piloto precisa passar por uma bateria de testes para garantir que está apto a voar, o empreendedor também precisa se avaliar — não com estetoscópio e espirometria, mas com reflexão, honestidade e coragem emocional.

Quero que você se imagine agora, sentado nas mesmas salas de exames. Só que, em vez de eletrodos e radiografias, o que será avaliado é sua estrutura interna: autoestima, clareza de propósito, resistência ao estresse, padrões de pensamento, crenças limitantes.

Para tornar essa imagem ainda mais clara, preparei um paralelo direto entre os exames físicos que enfrentei como piloto e os exames emocionais que você enfrentará como comandante da sua própria jornada:

Check-up Aeronáutico x Check-up Emocional

Exame na Aviação	Objetivo no Piloto	Exame Emocional Equivalente	Objetivo no Empreendedor
Cardiológico	Avaliar funcionamento e resistência do coração.	Autoestima e Ânimo	Medir a força emocional que sustenta sua motivação.
Respiratório	Verificar capacidade pulmonar e eficiência da respiração.	Respirar sob Pressão	Garantir calma e clareza em decisões sob tensão.
Auditivo	Testar percepção de sons agudos e graves.	Escuta Ativa	Ouvir feedbacks, sinais do mercado e da equipe.
Visual	Certificar clareza de visão e percepção espacial.	Clareza de Propósito	Manter foco nítido nos objetivos e direção do negócio.
Laboratoriais	Checar indicadores internos de saúde.	Indicadores Internos	Monitorar humor, energia e equilíbrio emocional.
Toxicológico	Garantir que não haja substâncias que comprometam o desempenho.	Detox Mental	Eliminar crenças limitantes e influências tóxicas.
Psicológico	Avaliar raciocínio, atenção, resistência ao estresse e perfil.	Resiliência Emocional	Medir preparo para lidar com adversidades.
Neurofisiológico	Analisar atividade elétrica cerebral.	Mapeamento Mental	Compreender padrões de pensamento e foco.
Radiológicos	Examinar estruturas internas ocultas.	Raio-X de Bloqueios	Revelar obstáculos emocionais que afetam sua performance.

Ao longo desta parte, você será guiado por essas avaliações emocionais. Não como um paciente, mas como um comandante em formação. Cada ferramenta que apresentarei será um instrumento de navegação interna — e, ao final, você estará pronto para assumir o manche com consciência, equilíbrio e visão clara de como levantar voo com segurança e consciência.

Nas aulas práticas percebi, na pele, como a aviação é um espelho fiel da vida empresarial. No ar ou no chão, a regra é a mesma: procedimentos claros, comunicação objetiva e revisões constantes para corrigir desvios ou prevenir falhas.

Não é o mercado que define o seu sucesso. É o seu estado interno — ele é céu limpo (CAVOK) ou CB (Cúmulos Nimbos). Ele é vento a favor ou turbulência severa.

Quando me matriculei no curso de piloto, buscava uma pausa mental — mas acabei encontrando uma nova maneira de pensar sobre negócios. Saúde, emoções, briefings, checklists, diagnósticos e protocolos da aviação não só me ajudaram a reorganizar a empresa, como também mostraram que gestão e voo têm mais em comum do que se imagina.

Durante este voo, levarei até você os principais conceitos, analogias e práticas que fazem da aviação uma poderosa escola de gestão. Tudo traduzido para sua realidade empresarial — e pessoal. Você terá em mãos a cabine, os instrumentos e a rota. E o mais importante: estará no comando.

Você em primeiro lugar. Sempre.

Sejamos francos: pouco importa como andam os números se o empresário ou o futuro empreendedor não estiverem bem física e emocionalmente. O que realmente interessa é você – sua saúde, sua energia, sua alegria de viver.

Sua família é quem se senta à sua mesa aos domingos, quem segura sua mão nos dias de crise e comemora cada vitória ao seu lado. Por isso, o foco principal deve estar em você e em quem você ama: cultivar bem estar, alimentar relacionamentos e encontrar tempo para sorrir de verdade.

Quando você está inteiro – corpo, mente e coração – só então terá força e lucidez para fazer seu negócio prosperar de forma sustentável.

Por que a Saúde Emocional do Empreendedor Impacta o Negócio?

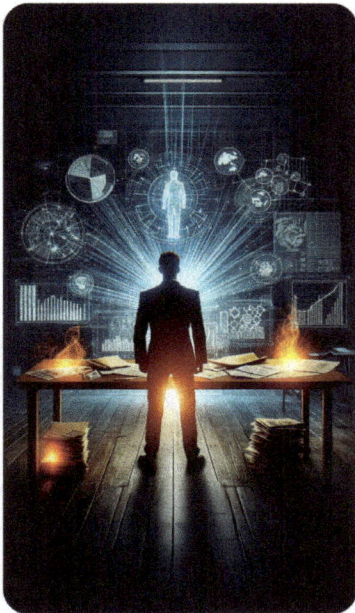

A saúde emocional é o alicerce de toda decisão que você toma. Quando o empreendedor está sobrecarregado, ansioso ou desmotivado, as escolhas estratégicas passam a ser feitas no automático ou com medo de errar. Isso reflete diretamente em prazos não cumpridos, negociações mal-conduzidas e oportunidades perdidas.

Sua energia interna define o ritmo e a qualidade das ações diárias. Se a autoestima está baixa, a criatividade encolhe, o foco se dispersa – muitas vezes em preocupações pessoais, redes sociais ou tarefas que não têm nada a ver com a vida profissional – e o olhar para o futuro fica turvo. No entanto, um empreendedor com clareza emocional, foco no essencial, reage melhor a imprevistos, aprende com falhas, toma decisões assertivas e rápidas inspirando confiança na equipe e nos parceiros.

O reflexo da mente no desempenho empresarial:

- Produtividade e foco: mente descansada (espaço mental) prioriza tarefas certas no momento certo.

- Distrações e foco disperso: equilíbrio interno evita que você perca tempo, mergulhe em assuntos irrelevantes e deixe passar oportunidades-chave.

- Tomada de decisão: serenidade reduz vieses e facilita escolhas mais acertadas.

- Inovação: estado emocional estável estimula ideias ousadas e soluções criativas.

- Clima organizacional: autoestima do líder contagia a equipe, gerando engajamento.

- Resiliência: capacidade de enfrentar crises e adaptar-se com serenidade.

Cuidar da própria saúde, emocional inclusive, não é luxo — é investimento estratégico. Ao fortalecer seu equilíbrio interior, você dá à sua empresa a base sólida para crescer, inovar e prosperar. Antes de iniciar qualquer manobra empresarial, você precisa entrar na cabine, colocar o cinto e checar se os instrumentos estão funcionando. Esta etapa não é um luxo emocional — é um protocolo de segurança pessoal. Autoestima e moral são seu combustível. Sem isso, você não decola. E se decolar... não pousa.

CAE – Certificado Médico do Empreendedor

Seja para corrigir a rota de um negócio ou para decolar um novo empreendimento, o **CAE – Certificado Médico do Empreendedor** é o seu documento de prontidão. Inspirado no **CMA** (Certificado Médico Aeronáutico), que atesta a aptidão psicofísica (física e mental) do Piloto.

Nosso **CAE** não atesta pressão arterial ou acuidade visual — mas sim se a leitura do seu **painel emocional** foi completada com sucesso.

Cada indicador do CAE — resiliência, clareza de propósito, energia, equilíbrio emocional — é aferido ao longo do táxi, antes da decolagem. É no deslocamento rumo à pista principal que você comprova se está física e mentalmente apto a assumir o manche do seu negócio.

A conquista desse certificado não acontece de uma vez. Ele é carimbado pouco a pouco, a cada checklist cumprido, a cada ajuste de rota interna e a cada prova de que seu estado emocional está estável, calibrado e pronto para enfrentar céu limpo ou tempestades. Porque, na aviação e no empreendedorismo, o voo mais seguro começa **antes** de tirar as rodas do chão.

Vamos iniciar o taxiamento.

Nosso Aeródromo

Autorização para taxiamento

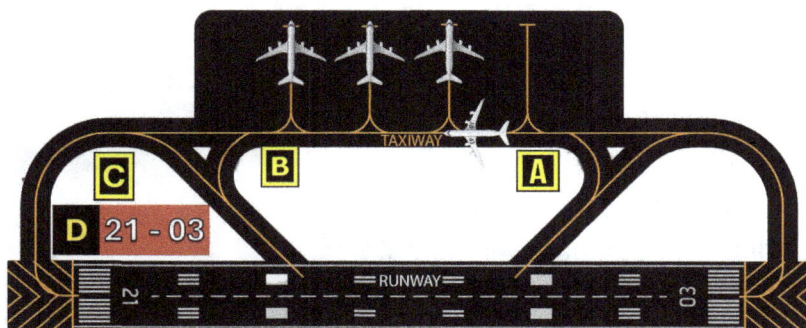

Empresarial-01 está no ponto A

Torre:
"Empresarial-01, bom dia. Autorizado taxi ao ponto de Inspeção Pré-Voo (**B**ravo).
Tráfego livre, mantenha máxima atenção aos procedimentos de solo."

✈ Empresarial-01:

"Empresarial-01 taxi para ponto **B**ravo.

Iniciando checklist de moral e autoestima antes de prosseguir. Empresarial-01."

📡 Torre:

"Empresarial-01, confirme status do sistema emocional e de energia antes de chegar em **B**ravo."

✈ Empresarial-01:

"Status emocional e Energia a reportar: Pronto para inspeção emocional e técnica no ponto **B**ravo.

Relatando chegada estimada em 2 minutos, Empresarial-01"

📡 Torre:

"Perfeito. Ao alcançar **B**ravo, interrompa taxi, acione protocolos de Inspeção Pré-Voo e reporte:
- Autoestima
- Moral da tripulação interior e
- Condição de combustível mental"

✈ Empresarial-01:

"Copiado. Em **B**ravo Inspeção Pré-Voo: autoestima, moral e checklist técnico.

Reporto em breve. Empresarial-01 permanece na escuta."

Inspeção Pré-Voo:
Avaliando Autoestima e Moral

Taxiando do Ponto **A**lfa para Ponto **B**ravo

Tempos difíceis trazem instabilidades emocionais, insegurança, dúvidas sobre o futuro e até perda de foco. Para quem já tem um negócio e deseja melhorá-lo, parar para respirar e avaliar a si mesmo é fundamental. É nessa pausa que você recalibra seus instrumentos internos, identifica pequenos desvios antes que virem tempestades e garante que você e sua tripulação sigam na rota certa.

Para quem está prestes a empreender, talvez ainda não tenha enfrentado grandes turbulências. Mas elas virão. Criar desde já o hábito de avaliar autoestima e moral é o melhor protocolo de pre--voo emocional. Assim, quando as nuvens carregadas aparecerem, você saberá exatamente quais manobras adotar para reduzir os impactos.

Por isso, adote um **checklist pessoal de autodiagnóstico**. Ele é o seu guia para pousar sempre em segurança.

A importância do checklist pessoal e de autodiagnóstico para empreendedores

Checklist como Balizamento de Pista

Manter um checklist pessoal não é infantilidade — é maturidade profissional. Cada item funciona como uma luz de alinhamento na pista, guiando o taxi, a decolagem e o pouso com precisão, mesmo em condições adversas.

- **Luzes da taxiway e da runway**[1] → planejamento e organização

- **Luzes de centro e borda** → execução e controle de qualidade

- **Luzes de touchdown**[2] → entrega de valor e fechamento de ciclos

Se uma aeronave de alta complexidade não decola sem alinhamento perfeito, por que aceitar improvisos no seu negócio?

---

[1]   Runway é a pista principal – abreviação RWY

[2]   Na aviação, o termo "touchdown" (ou "touch down") refere-se ao momento exato em que as rodas da aeronave tocam o solo durante a aterrissagem. É a fase que marca a transição do voo para o rolamento na pista, permitindo ao piloto reduzir velocidade de forma segura até o taxiamento final.

O Painel Emocional e Seus Instrumentos

Estamos a meio caminho entre Alfa e Bravo. É hora de revelar o painel emocional — os instrumentos que orientam seu voo interior.

Assim como na aviação, dividimos em dois grupos:

- Instrumentos de voo → monitoram seu estado interno em tempo real
- Instrumentos de navegação → guiam sua rota e direção

Antes de saber para onde ir, é essencial saber como você está voando.

Do Analógico ao Digital — A Evolução da Visão

Durante décadas, os painéis de aeronaves eram repletos de instrumentos analógicos: mostradores circulares, ponteiros, escalas físicas. Cada indicador tinha seu espaço, exigia leitura individual e interpretação cuidadosa.

Hoje, os mesmos dados estão integrados em dois ou três displays digitais — o chamado glass cockpit. Com isso, o piloto tem uma visão mais limpa, rápida e integrada do voo.

No mundo dos negócios, acontece o mesmo.

- Quem está começando já nasce com acesso a ferramentas, conceitos e práticas que oferecem uma visão mais focada e estratégica desde o início.

- Quem já está na jornada empreendedora e busca melhorar, pode agora integrar seus "instrumentos" — emocionais, estratégicos e operacionais — em um painel mais claro, ágil e consciente.

A evolução do painel representa a evolução da consciência. Quanto mais integrado o seu cockpit pessoal, mais preciso será o seu voo.

Neste livro, vamos utilizar **instrumentos como indicadores e metáforas** para avaliar seu estado físico, mental e emocional. Cada instrumento será apresentado com clareza, propósito e aplicação prática — como se fosse parte de um painel real.

E quem sabe, ao longo da leitura, você se inspire a montar seu próprio painel — físico, visual ou simbólico — para acompanhar sua jornada com mais consciência e precisão.

Afinal, o propósito deste livro é claro: **transformar instrumentos em método.** Método para você se conhecer, se ajustar e voar com mais segurança, propósito e legado.

Ao longo desta leitura, você não apenas desenvolverá um método prático para avaliar e lembrar de sempre cuidar da sua saúde emocional, física e mental — como parte essencial do processo de preparação para o **voo empresarial.**

Este método será seu painel de bordo pessoal, permitindo que você monitore, ajuste e fortaleça sua consciência interna e estratégica.

Porque para sair do solo e alcançar o céu dos resultados, não basta ter um plano de voo — é preciso estar pronto para pilotar com clareza, equilíbrio e propósito.

E à medida que você avança, perceberá que os mesmos instrumentos que garantem a segurança de uma aeronave também podem ser usados para garantir a **segurança emocional e operacional do seu negócio**.

Além disso, você conhecerá conceitos fascinantes da aviação — uma área apaixonante que desperta curiosidade e admiração — e entenderá como pilotos profissionais tomam decisões, corrigem rotas e conduzem cada etapa do voo com precisão.

Benefício duplo: você fortalece sua consciência pessoal e, de quebra, passa a pilotar seu negócio com a visão estratégica de um comandante.

Diferenças entre Instrumentos de Voo e Instrumentos de Navegação

Na aviação, os instrumentos de voo e os instrumentos de navegação têm funções distintas, mas complementares. Eles trabalham juntos para garantir que o piloto mantenha controle da aeronave e siga a rota correta com segurança.

Instrumentos de Voo

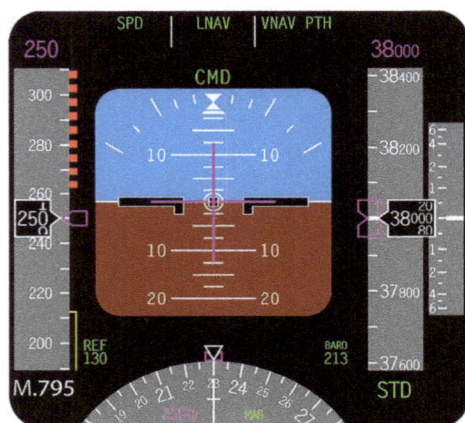

Função: Monitorar o comportamento da aeronave em tempo real, permitindo controle preciso mesmo sem referências visuais externas.

Objetivo: Garantir controle da aeronave em todas as fases do voo, especialmente em condições de voo por instrumentos (IFR).

No cockpit, os instrumentos de voo mostram como a aeronave está se comportando em tempo real — mesmo quando o piloto não tem visibilidade externa. Eles revelam se o avião está subindo, descendo, inclinado ou nivelado.

No contexto deste livro, esses instrumentos representam algo ainda mais essencial: **a sua consciência interna**. Eles ajudam você a perceber **como está se sentindo**, **como está reagindo**, e **como está conduzindo o próprio voo emocional e comportamental**.

Antes de saber para onde ir (navegação), é fundamental saber **como você está voando por dentro**. Por isso, começamos por aqui: entender seus próprios sinais, ajustar sua atitude emocional e garantir estabilidade antes de traçar qualquer rota.

Instrumentos de Navegação

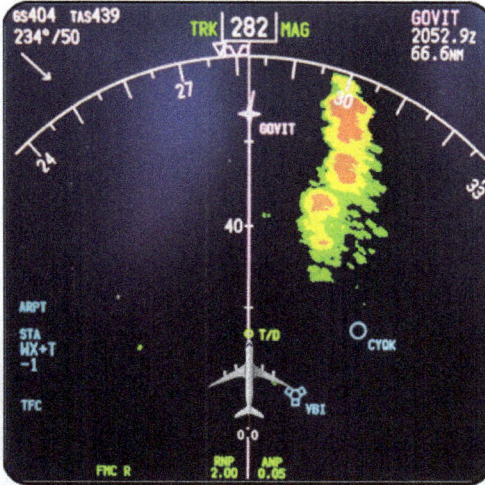

Função: Ajudar o piloto a determinar a posição da aeronave e seguir a rota planejada com precisão.

Objetivo: Guiar a aeronave ao longo da rota planejada, evitando desvios e facilitando aproximações e pousos precisos.

Se os instrumentos de voo mostram como você está voando por dentro, os de navegação revelam **para onde você está indo**. No contexto deste livro, eles representam sua **consciência estratégica**: a clareza sobre metas, rotas, correções e aproximações. Antes de pousar com precisão, é essencial saber **onde está, para onde vai** e **como pretende chegar lá**.

Esses instrumentos ajudam você a manter o rumo certo, corrigir desvios e preparar aterrissagens seguras — seja um lançamento, uma entrega ou uma negociação importante.

"Navegar com consciência é garantir que cada voo leve você exatamente ao destino planejado."

35

Seu Painel Pessoal

Imagine-se na cabine de comando: em vez de apenas pensar em como você está, visualize seus instrumentos e use-os para aferir com precisão seu estado emocional. Este é seu **painel de bordo emocional**, que converte sentimentos em indicadores do seu **voo pessoal, emocional e mental. Ao consultá-lo e ajustá-lo semanalmente**, você não apenas monitora, mas assume o controle: faz ajustes, traça rotas e executa manobras com plena consciência.

Painel emocional e as metáforas

Instru-mento (cabine)	Nome técnico	Métrica pessoal	Metáfora ancorada	Função no voo emocional
Attitude indicator	Horizonte Artificial	Equilíbrio emocional e autoestima	Linha que separa céu e solo	**Nivelar** emoções e prioridades; evitar inclinação para impulsividade ou apatia

Instrumento (cabine)	Nome técnico	Métrica pessoal	Metáfora ancorada	Função no voo emocional
Manete de potência	Power Setting	Esforço intencional	Potência aplicada ao "motor de hábitos"	**Dosar** intensidade do trabalho conforme energia e missão
RPM de hábitos	Tachometer	Ritmo e consistência	Rotinas por minuto (RPM)	**Monitorar** cadência sustentável de ações sem [1]over/ undertraining
Velocidade de execução	Airspeed	Fluxo de entrega	Velocidade do avião = velocidade de cumprir tarefas	**Ajustar** o ritmo para não estolar (lento demais) nem perder controle (rápido demais)
Variômetro emocional	Vertical Speed Indicator (VSI)	Tendência de humor e progresso	Subida/ descida por minuto	**Detectar** se você está ganhando ou perdendo altitude emocional
Indicador de rumo	HSI	Clareza de objetivos	Bússola interna	**Apontar** direção, sinalizar desvios e manter rota
Coordenador de curva	Turn Coordinator	Adaptabilidade e resiliência	Viragem suave sem derrapagem	**Avaliar** qualidade das mudanças de curso diante de imprevistos

37

Instrumento (cabine)	Nome técnico	Métrica pessoal	Metáfora ancorada	Função no voo emocional
Fluxo de combustível mental	Fuel Flow	Nível de energia	Consumo por hora (energia/cognição)	**Gerenciar** gasto energético para cumprir a etapa sem pane
Temperatura do motor cognitivo	EGT	Carga mental e estresse	Aquecimento por esforço	**Evitar** superaquecimento (burnout) com pausas e mistura ardescanso
Alinhamento de valores	CDI/Localizer	Coerência propósito–ação	Agulha centralizada	**Corrigir** deriva entre o que você diz e o que faz

O que significa "overtraining" e "undertraining"

- **Overtraining**: quando o corpo (ou mente) é exigido além do limite, sem tempo suficiente para recuperação.

  o No negócio: excesso de tarefas, decisões, reuniões, metas — leva ao cansaço, queda de desempenho e risco de burnout.

- **Undertraining**: quando há pouca atividade, estímulo ou desafio.

  o No negócio: procrastinação, falta de ritmo, acomodação — leva à estagnação e perda de oportunidades.

Monitorar cadência sustentável de ações sem over/undertraining, significa encontrar um **ritmo saudável e constante** de trabalho, onde:

- Você **não se sobrecarrega** (evita o overtraining)

- Nem **fica parado ou disperso** (evita o undertraining)
- Mantém uma **cadência produtiva**, com pausas estratégicas e foco nas ações que realmente movem o negócio

"Seu RPM de hábitos precisa estar ajustado: nem acelerado demais a ponto de travar, nem lento demais a ponto de não sair do chão."

Horizonte Artificial

Resiliência e Equilíbrio

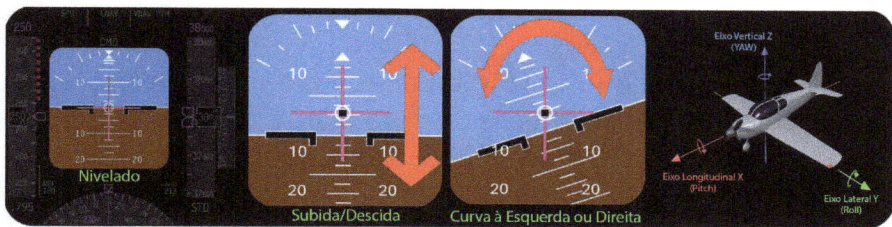

Nivelado | Subida/Descida | Curva à Esquerda ou Direita

No painel de uma aeronave, o Horizonte Artificial é o instrumento que mantém o piloto consciente da posição do avião em relação à linha do horizonte, mesmo quando as referências visuais externas desaparecem. Ele garante estabilidade, evita desorientação e guia decisões seguras em meio a turbulências.

Na vida, enfrentamos nossas próprias "turbulências": pressão, estresse, incertezas e imprevistos. Nesses momentos, é fácil perder a noção de onde estamos emocionalmente ou mentalmente. É aqui que entra a importância de cultivar um Horizonte Artificial interno — um mecanismo pessoal que nos mantém alinhados, equilibrados e seguros para continuar a navegação.

Avião e Mente

Assim como o **Horizonte Artificial** permite que o piloto **mantenha a aeronave estável** em qualquer clima, o **mindfulness** atua como seu **painel interno de controle**, ajudando você a alinhar corpo e mente quando o "mau tempo" emocional chega.

É uma tecnologia mental simples, portátil e sempre acessível — que oferece ao comandante interno a referência necessária para manter o equilíbrio, mesmo quando tudo ao redor parece instável.

Mindfulness — O Painel Interno da Atenção Plena

- O que é: Mindfulness é a prática de prestar atenção intencionalmente ao momento presente, sem julgamentos.

- Como funciona: Observar sensações, pensamentos e o ambiente agora, sem tentar alterar nada — apenas percebendo.

- Como e por que dá resultado: Reduz ansiedade (projetada no futuro) e estresse (ancorado no passado), aumentando clareza e foco. O importante é o AGORA.

Aplicações práticas no dia a dia

- Respiração consciente: concentre-se apenas no ar entrando e saindo pelas narinas por 1 minuto.

- Escaneamento corporal: perceba, da cabeça aos pés, onde há tensões, e relaxe cada parte.

- Atenção no cotidiano: por exemplo, ao beber água, note o sabor, a temperatura e a sensação.

História real de acidente
Caso: O último voo de John F. Kennedy Jr. – 16 de julho de 1999

Era uma sexta-feira de verão no hemisfério norte.

20h38:

do Aeroporto de Essex County, em Nova Jersey, decola um **Piper Saratoga II**, pilotado por John F. Kennedy Jr., herdeiro de um dos sobrenomes mais icônicos da política americana. Ao lado dele, sua esposa **Carolyn Bessette**; no assento traseiro, a cunhada **Lauren**.

Primeira parada: Martha's Vineyard, para deixar Lauren. Depois, seguiriam para Hyannis Port, para o casamento da prima Rory Kennedy.

A noite chegou rápido e pesada. Uma névoa densa se espalhou sobre a costa, cobrindo o oceano em um manto cinza-escuro. Longe da terra firme, não havia luzes, só escuridão e o ronco constante do motor. Kennedy, embora piloto habilitado, **não tinha certificação para voo por instrumentos** (IFR) — sua experiência era quase toda visual. O Piper tinha todos os recursos para enfrentar o clima, mas apenas se o piloto confiasse plenamente nos **dados frios do painel**.

Sobre o mar, o vazio visual começou a enganar seus sentidos: corpo dizendo "tudo certo", Horizonte Artificial dizendo "você está inclinado". É nesse instante que a mente, sem treino profundo, escolhe acreditar na sensação — e não no instrumento.

21h40:

A aeronave inicia uma descida irregular, perde altitude de forma brusca e entra numa espiral descendente. Em poucos minutos, o destino estava selado. Não houve pedido de socorro. O impacto com o Atlântico foi definitivo.

Cinco dias depois, mergulhadores encontraram a aeronave a 30 metros de profundidade. Dentro, lado a lado, estavam John, Carolyn e Lauren.

Pausa para sentir

Feche os olhos por um instante e imagine a cena. O silêncio pesado do mar à noite. A escuridão que engole o horizonte. Três pessoas no interior de um cockpit iluminado apenas pelo brilho frio dos instrumentos. A mente debatendo com o corpo: "estamos nivelados" — "não, estamos caindo". O frio que começa na pele e vai até o fundo da alma. A ausência de certezas. O som grave do motor é a única constante... até não ser mais.

Esse é o instante em que a vida se resume a um único ato de confiança: **acreditar no instrumento ou não**. No ar, essa decisão dura segundos. Na vida, pode durar anos — mas o resultado de ignorar seu "horizonte interno" é sempre o mesmo: desorientação, queda, silêncio.

No céu escuro, sem referências visuais, o **Horizonte Artificial** é a única verdade.

Ele não sente medo, não inventa histórias, não é iludido por sensações — mostra apenas o que é. Ignorá-lo pode ser fatal para um piloto... e para um empreendedor.

Para o piloto de si mesmo — saúde física e emocional
No céu da rotina, o "instrumento" que mede nossa vitalidade é tão essencial quanto o horizonte artificial. Negligencia-lo é arriscar-se a mergulhar em voo cego ou nos inclinarmos até não termos mais sustentação. Manter o corpo e a mente calibrados garante que as demais áreas — finanças, operação, clientes e equipe — possam operar em harmonia.

— **Nivelado** — Estado ideal: corpo e mente em harmonia, garantindo estabilidade mesmo sob turbulência, sustentando a jornada de longo alcance.

Subindo — Rotina de sono, alimentação e movimento que mantém energia constante e favorece "ganho de altitude" no desempenho sem quedas bruscas.

Mergulhando — Reconhecer sinais de fadiga ou estresse como alerta para "corrigir atitude" antes que a sobrecarga comprometa o controle.

Inclinado à Direita — Para veteranos sob pressão: aplicar checklists de autocuidado que recentrem o eixo físico e mental, evitando que a "asa" que sustenta o projeto penda para um único lado.

Inclinado à Esquerda — Para iniciantes: cultivar, desde a decolagem, o hábito de equilibrar descanso, atividade física e foco mental, evitando inclinar-se só para o que é urgente ou confortável.

Assim como no cockpit, onde instrumentos trabalham integrados, a saúde física e emocional atua como sistema primário de estabilidade — o "giroscópio interno" que mantém a atitude correta, mesmo quando o ambiente externo é instável.

Na vida e nos negócios, o "horizonte interno" é a **resiliência** — que aqui também se traduz como **equilíbrio entre prioridades**: a capacidade de manter harmonia entre diferentes áreas críticas, distribuindo atenção e energia sem deixar nenhuma "inclinar-se" a ponto de comprometer todo o voo. Assim como no cockpit, onde é preciso corrigir atitude, rumo e estabilidade simultaneamente, no dia a dia empresarial é essencial alinhar finanças, operação, equipe, clientes e saúde pessoal — tudo junto — mesmo sob pressão.

"Quando o mercado fecha o céu, sua resiliência — o equilíbrio entre as suas prioridades — é o instrumento que mantém o voo do seu negócio seguro, até o próximo horizonte."

Avaliação CAE – Resiliência / Equilíbrio entre Prioridades

Notas: (1 = nunca, 3 = às vezes, 5 = sempre):

1. Consigo manter estabilidade emocional mesmo em situações de pressão?
2. Reconheço rapidamente quando estou "inclinado" para decisões impulsivas?
3. Equilibro bem vida pessoal e profissional sem deixar uma área colapsar?
4. Tenho práticas regulares (mindfulness, pausas, reflexão) que me ajudam a recentrar?
5. Corrijo desvios de atitude antes que comprometam meu desempenho?

Média Parcial (Resiliência / Equilíbrio): ____

Power Setting
Esforço intencional

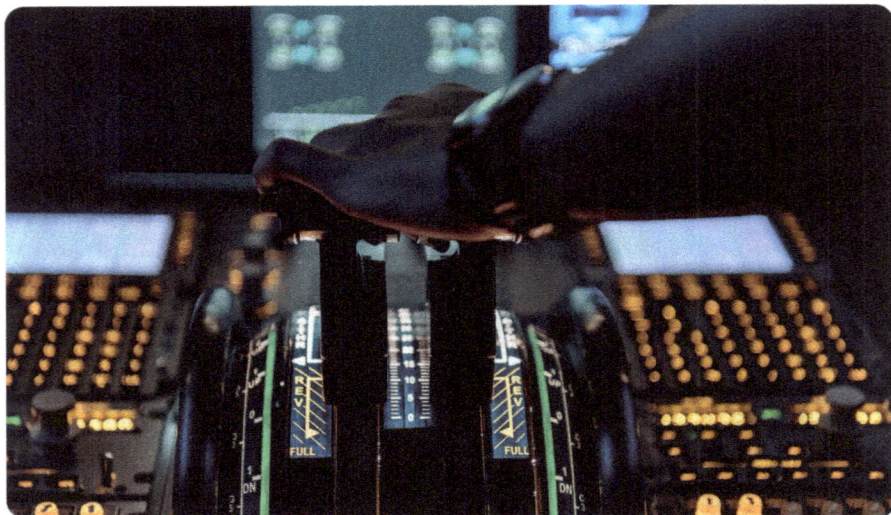

No cockpit, a manete de potência define a força entregue ao motor. É ela que determina se a aeronave vai permanecer em *idle, acelerar para a decolagem ou manter um cruzeiro econômico.

Potência demais pode gerar desgaste, superaquecimento e falhas mecânicas; potência de menos, perda de sustentação, instabilidade e risco de queda.

Na vida empreendedora, o Power Setting é o esforço intencional que você aplica ao seu motor de hábitos. É a energia que você escolhe investir em cada área crítica: trabalho, saúde, família, aprendizado, espiritualidade, liderança.

Ajustar seu Power Setting é decidir com consciência quanta força aplicar — e onde — para manter o voo estável e alcançar seus objetivos. É saber que nem todo dia é dia de decolagem, e que manter o cruzeiro exige tanto domínio quanto acelerar.

Implementação consciente:

- Ajuste sua "manete" diariamente: nem sempre é hora de potência máxima. Há dias de manutenção, observação e alinhamento.

- Aprenda a diferenciar momentos de aceleração (lançamento, crise, negociação) de momentos de cruzeiro (rotina, consolidação, recuperação).

- Evite viver em "**full throttle" — isso leva ao desgaste físico, emocional e estratégico.

- Use o horizonte artificial emocional para perceber se você está nivelado ou inclinado demais para o lado da pressa ou da apatia.

- Combine potência com direção: potência sem rumo é desperdício; rumo sem potência é estagnação.

* Idle — Potência mínima

Idle é o ponto em que o motor está funcionando, mas sem gerar empuxo significativo.

É usado em situações como:

- Durante o **táxi no solo**
- Em **descidas prolongadas**
- Quando o piloto precisa reduzir a potência ao mínimo, mas sem desligar o motor

"Ficar em idle por muito tempo pode parecer seguro, mas não leva ninguém ao destino."

Na vida empreendedora, o idle pode representar:

- Procrastinação disfarçada de planejamento

- Espera excessiva por condições ideais

- Falta de ação por medo, dúvida ou exaustão

Full Throttle — Potência máxima

Full throttle significa potência total — quando o piloto empurra a manete até o fim, liberando toda a força disponível do motor.

É usado em momentos críticos como:

- **Decolagem**
- **Arremetida**
- **Situações de emergência**

Mas exige atenção:

- Gera máximo empuxo, mas também alto consumo de combustível
- Provoca desgaste do motor
- Não é sustentável por longos período

"Full throttle é potência total — mas sem consciência, vira pane."

Na vida empreendedora, viver em full throttle é:

- Trabalhar em ritmo máximo o tempo todo
- Ignorar pausas, recuperação e reflexão
- Confundir produtividade com hiperatividade
- Correr o risco de burnout, decisões impulsivas e perda de clareza

Conclusão:

O verdadeiro comandante sabe dosar potência com propósito. Sabe que o voo exige **variação de ritmo, leitura de instrumentos e ajustes constantes**.

Seu Power Setting não é sobre fazer mais — é sobre fazer melhor, com consciência, equilíbrio e direção.

"Empreender é pilotar. E pilotar exige saber quando acelerar, quando manter, e quando simplesmente... respirar".

CAE – Esforço Intencional

Notas: (1 = nunca, 3 = às vezes, 5 = sempre):

1- Sei dosar minha energia entre momentos de aceleração e de cruzeiro?

2- Evito desperdiçar esforço em tarefas irrelevantes ou de baixo impacto?

3- Reconheço quando preciso reduzir potência para preservar energia?

4- Ajusto minha intensidade de trabalho conforme a fase do projeto (lançamento, manutenção, crise)?

5- Sinto que aplico potência suficiente para gerar movimento real nos meus objetivos?

Média Parcial (Esforço Intencional): ____

Fuel Flow

Energia Sustentável

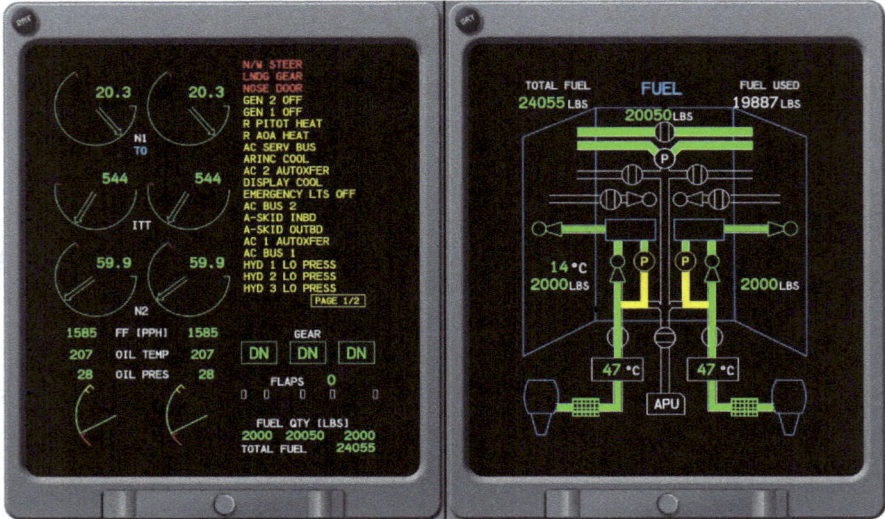

O painel da direita, logo no topo, mostra a condição do combustível.
Quanto resta: 24055 – Usado: 19887
O painel da esquerda trás várias informações que estão disponíveis no final do livro para o caso de você querer matar a curiosidade e saber o que o comandante está recebendo de informações.

No painel de uma aeronave

O **Fuel Flow** mede a taxa de consumo de combustível do motor, em tempo real.

É um dos instrumentos mais importantes para equilibrar potência, eficiência e autonomia durante o voo.

- Consumo muito alto → reduz o alcance da aeronave, aumenta o risco de pane seca e exige pousos não planejados.

- Consumo muito baixo para determinada configuração → pode indicar falha de potência, mistura inadequada ou perda de performance.

Por isso, pilotos monitoram o Fuel Flow em conjunto com outros instrumentos — como velocidade, altitude, temperatura e RPM — para ajustar a "química" ideal: combustível suficiente para a potência requerida, sem desperdício e sem risco de falha.

É o equilíbrio entre força e autonomia que garante um voo seguro e eficiente.

Tradução para a vida, os negócios e a saúde emocional.

No voo da vida empreendedora, o combustível é a sua energia vital — física, mental e emocional. E o Fuel Flow emocional é a forma como você consome essa energia ao longo do dia, da semana, da jornada.

- **Fluxo excessivo** → gastar energia demais em pouco tempo, levando à exaustão, irritabilidade e perda de clareza.

- **Fluxo insuficiente** → operar abaixo do necessário, gerando apatia, desmotivação, procrastinação e baixo rendimento.

- **Fluxo ideal** → uso consciente da energia, com momentos de aceleração, desaceleração e recarga.

A chave não é trabalhar mais, mas consumir energia com inteligência.

O que é / Como funciona / Por que dá resultado

- **O que é:**

O controle da **taxa em que você consome suas reservas de energia** — ajustando intensidade conforme a fase do voo (vida).

- **Como funciona:**

Observando sinais internos (fadiga, foco, humor, motivação) e **sinais externos** (resultados, qualidade das entregas, feedbacks) para ajustar o ritmo.

- **Como e por que dá resultado:**

Porque evita que você queime todo o combustível antes da hora ou fique "sem motor" no meio da rota. Garante autonomia emocional, clareza mental e resiliência física para completar a missão com segurança.

Implementação consciente

- **Programe pausas estratégicas** em jornadas longas — como o piloto que calcula escalas para reabastecimento.

- **Alterne entre tarefas de alta e baixa exigência**, respeitando seus ciclos de energia.

- **Reabasteça com qualidade**: sono, alimentação, lazer, silêncio, movimento e conexões humanas.

- **Monitore os "alertas" do corpo e da mente** — irritação, distração, cansaço extremo — e corrija antes de entrar na zona vermelha.

- **Evite decisões importantes em baixa energética** — assim como um piloto não tenta pousar com pane nos instrumentos.

Conclusão:

O Fuel Flow não é apenas sobre consumo — é sobre **consciência energética**.

É sobre saber que **energia é um recurso finito**, e que sua gestão define **quanto você vai voar, como vai voar e se vai chegar ao destino**.

"Quem aprende a dosar energia, aprende a voar mais longe."

História real de acidente

Voo Eastern 401 — Cronologia de uma distração fatal

Data: 29 de dezembro de 1972
Aeronave: Lockheed L-1011 Tristar
Origem: JFK, Nova York
Destino: MIA, Miami
Tripulantes: 13
Passageiros: 163
Total a bordo: 176
Sobreviventes: 75
Mortes: 101

21h20 – Decolagem de Nova York (JFK)

O voo 401 parte do Aeroporto Internacional John F. Kennedy com destino a Miami. A bordo, uma tripulação experiente e passageiros tranquilos. O voo transcorre normalmente.

23h32 – Início da aproximação para o pouso em Miami

A aeronave inicia a descida para o Aeroporto Internacional de Miami. O comandante Robert Loft, o primeiro-oficial Albert Stockstill e o engenheiro de voo Don Repo estão no comando.

23h34 – Luz do trem de pouso não acende

Ao baixar o trem de pouso, a **luz verde que indica o travamento do trem dianteiro não acende**. A tripulação acredita que pode ser apenas uma lâmpada queimada, mas decide investigar.

23h36 – Piloto automático ajustado para manter altitude

Enquanto o comandante e o engenheiro de voo tentam resolver o problema da luz, o primeiro-oficial ajusta o piloto automático para manter a altitude de 2.000 pés.

Erro crítico: ao se levantar, o comandante acidentalmente pressiona o manche, **desconectando parcialmente o piloto automático**, o que inicia uma **descida lenta e imperceptível**.

51

23h37 a 23h41 – Distração total

A tripulação está totalmente focada no painel, tentando interpretar se a falha é apenas da lâmpada ou se o trem realmente não está travado. Ninguém percebe que a aeronave está **descendo gradualmente**.

Lá fora, a escuridão do Everglades impede qualquer referência visual. O altímetro desce lentamente, mas passa despercebido.

23h41min50s – Alerta tardio

O primeiro-oficial Stockstill percebe algo errado:
"Nós fizemos algo errado com a altitude."
"Ainda estamos a 2.000 pés, certo?"

O comandante Loft responde:
"Hey — o que está acontecendo aqui?"
Mas, já era tarde.

23h42min08s – Impacto

A 365 km/h, o Tristar colide com o pântano dos Everglades. A aeronave se **desintegra ao tocar a água**, espalhando destroços e combustível.

O combustível ainda estava nos tanques.

O que acabou foi a atenção.

Após o impacto – Resgate e legado

75 pessoas sobrevivem, muitas com ferimentos graves. O acidente se torna um marco na aviação, levando à criação do conceito de **CRM (Crew Resource Management)** — treinamento focado em comunicação, atenção e gestão de recursos da cabine.

Reflexão:

"O fuel flow estava estável. Mas o fluxo de atenção foi drenado para um detalhe irrelevante. E o avião, sem comando, caiu."

Ah! Em tempo: O problema era lâmpada queimada.

Pausa para sentir

Imagine: o som constante dos motores, a conversa tensa no cockpit sobre uma luzinha, e lá fora, na escuridão do pântano, um voo descendo sem ser percebido. Um lembrete de que gastar energia no que não move você para frente pode custar o voo inteiro.

No ar ou no chão, **energia é limitada**. Saber onde aplicá-la é tão vital quanto ter combustível no tanque.

"Nem sempre falta combustível — às vezes, falta gestão de energia."

CAE – Energia Sustentável (*Fuel Flow*)

Notas: (1 = nunca, 3 = às vezes, 5 = sempre):

1. Sei onde minha energia está sendo aplicada ao longo do dia.

2. Evito desperdiçar energia em assuntos sem impacto real.

3. Alterno esforço e recuperação de forma estratégica.

4. Reconheço sinais de 'consumo excessivo' antes da exaustão.

5. Reabasteço intencionalmente com sono, lazer e bons hábitos.

Média Parcial (Energia Sustentável): ____

Air Speed (Velocímetro)

Ritmo Sustentável

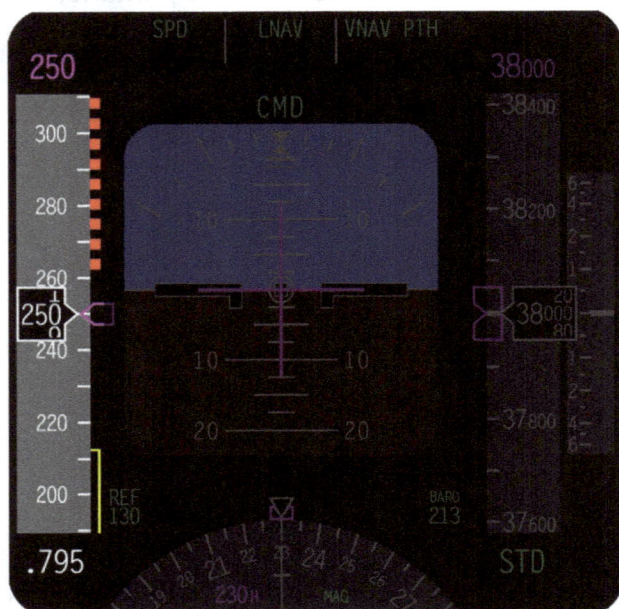

Nosso AirSpeed está indicando 250 KT (nós) de velocidade TAS (True Air Speed – Velocidade Verdadeira). Abaixo temos a indicação da velocidade Mach .795. (A **velocidade Mach** é uma medida que compara a velocidade de um objeto com a **velocidade do som** no meio em que ele se desloca — geralmente o ar)

Voar abaixo de Mach 1.0 é uma escolha estratégica que equilibra segurança, eficiência, conforto e viabilidade econômica — pilares essenciais da aviação comercial moderna.

Jatos comerciais em cruzeiro voam entre Mach 0.78 a 0.85.

Ajuda a evitar regimes transônicos e ondas de choque que afetam a estabilidade. Em grandes altitudes os Pilotos se orientam por ela.

Nos cockpits modernos, o indicador de velocidade (Airspeed) aparece como uma **escala vertical digital** ao lado do **horizonte artificial**, dentro do **Primary Flight Display (PFD)**. Essa escala mostra a velocidade indicada (IAS) com faixas coloridas que representam zonas de operação — como velocidades de estol, faixa de operação normal e zona de cautela. A marcação em vermelho indica a velocidade de nunca exceder (VNE), pois ultrapassá-la pode causar danos estruturais à aeronave. Além disso, o display destaca valores como **True Airspeed (TAS)** e **Mach**, oferecendo ao piloto uma leitura completa do desempenho em tempo real.

O piloto não vê apenas um número — ele interpreta um conjunto de sinais visuais que indicam **segurança, eficiência e risco**.

Metáfora para a vida, negócios e saúde emocional

O velocímetro digital representa o seu **ritmo de execução** — o equilíbrio entre **produtividade e recuperação**. Assim como o piloto observa faixas e alertas para manter o voo estável, você também pode definir seus **limites e zonas de performance** para evitar estagnação ou sobrecarga.

- **Ritmo muito alto por muito tempo** → risco de exaustão, erros e colapsos.

- **Ritmo muito baixo por longos períodos** → estagnação, perda de oportunidades.

- **O "ar" em que se voa muda** — o ritmo ideal precisa ser recalibrado conforme as condições internas e externas.

O que é / Como funciona / Por que funciona

- **O que é:** Gestão consciente do ritmo de trabalho, descanso e autocuidado.

- **Como funciona:** Monitorando sinais físicos, emocionais e indicadores de desempenho para ajustar a cadência.

- **Por que dá resultado:** Garante desempenho consistente e preserva a longevidade — pessoal, profissional e organizacional.

Aplicações práticas no dia a dia

- Alternar picos de entrega com períodos deliberados de recuperação.
- Usar pausas curtas como "respiros" entre tarefas de alta intensidade.
- Revisar trimestralmente se sua "faixa verde" mudou com novas demandas ou fases da vida.

Metáforas para os Marcadores Digitais de Ritmo

No PFD moderno, os **marcadores móveis** são ajustados automaticamente ou pelo piloto para indicar velocidades de referência — como subida, aproximação ou pouso. No livro, esses marcadores se tornam **metáforas de ritmo pessoal**, que o leitor pode definir e revisar conforme sua jornada.

Marcador	Metáfora Aeronáutica	Tradução para Vida/Negócios/Saúde	Como Ajustar
Marcador 1 – Velocidade Mínima Segura	VSO – Sustentação mínima	Ritmo mínimo para evitar estagnação	Defina seu "passo mínimo" diário ou semanal
Marcador 2 – Ritmo de Cruzeiro Ideal	VNO – Eficiência máxima	Ponto ótimo de produtividade e bem-estar	Ajuste conforme sua fase de vida
Marcador 3 – Zona de Atenção	Velocidade estrutural máxima	Ritmo alto que exige recuperação	Use para sprints estratégicos e curtos
Marcador 4 – Limite Absoluto	VNE – Nunca exceder	Ponto de colapso físico, mental ou financeiro	Reconheça sinais de alerta e respeite seus limites

Checklist de Calibração do Ritmo Sustentável

Marcador 1;

Qual é o mínimo que mantém você no ar, sem estolar?
"Se eu fizer menos do que isso, começo a perder altitude — física, mental ou financeira."

Marcador 2

Qual é o ritmo confortável que você pode manter por longo prazo?
"Aqui eu consigo voar longe, sem me exaurir e sem precisar de pousos de emergência."

Marcador 3

Qual é o ritmo de alta performance que só pode ser sustentado por curtos períodos?

"Posso acelerar aqui, mas sei que preciso reduzir logo depois para não comprometer a estrutura."

Marcador 4 – Qual é o limite que você nunca deve ultrapassar?

"Se eu cruzar essa linha, não é só pousar para descansar — é risco de queda."

Conclusão:

O **Primary Flight Display** moderno não tem ponteiros — tem **contexto visual, faixas dinâmicas e alertas inteligentes**. Na vida, o seu painel emocional também precisa ser assim: **intuitivo, ajustável e consciente**.

"Quem lê seus próprios instrumentos com atenção, pilota a vida com equilíbrio e propósito."

História

Colgan Air Voo 3407 (12 de fevereiro de 2009)

21h18

O voo 3407 da Colgan Air decola do Aeroporto Internacional de Newark, Nova Jersey, com destino a Buffalo, Nova York.

A bordo, 49 pessoas — 45 passageiros, 4 tripulantes — seguem em um Bombardier Dash 8 Q400. O voo é tranquilo, apesar da neve leve que cai sobre o nordeste dos EUA.

22h06

A aeronave inicia a aproximação para Buffalo.

No cockpit, o comandante Marvin Renslow e a primeira-oficial Rebecca Shaw conversam sobre a presença de gelo nas asas. O sistema de degelo já havia sido ativado. A velocidade começa a cair discretamente.

22h10

A tripulação solicita descida de 16.000 para 11.000 pés.

O velocímetro digital mostra IAS em queda. O ar externo está frio e úmido, criando turbulência leve.

O Dash 8 entra em configuração de aproximação: trem de pouso baixado, flaps ajustados.

22h16min27s

O *stick shaker* é ativado. O manche vibra intensamente, alertando para estol iminente.

O procedimento padrão é claro: baixar o nariz e aplicar potência. Mas o comandante, instintivamente, puxa o manche, tentando "forçar" sustentação.

22h16min30s

O *stick pusher* entra em ação automaticamente, tentando corrigir a atitude da aeronave.

O comandante resiste ao sistema, mantendo o nariz elevado. A velocidade cai ainda mais.

A primeira-oficial recolhe os flaps — uma ação que reduz ainda mais a sustentação.

22h16min40s

A aeronave entra em estol total. O Dash 8 deixa de voar. Em segundos, mergulha em queda desordenada sobre Clarence Center, uma área residencial nos arredores de Buffalo.

22h17min00s

O impacto.

A aeronave colide com uma casa, destruindo-a em chamas. Todas as 49 pessoas a bordo morrem, além de um morador no solo. O som dos motores cessa, substituído pelo rugido do fogo e pelo silêncio incrédulo da vizinhança.

Pausa para sentir

Imagine o silêncio crescente quando o ar deixa de sustentar a aeronave. A vibração diferente no manche. O alerta no painel. Na vida e nos negócios, os sinais de "perda de velocidade" muitas vezes chegam antes do colapso — mas só salvam se forem respeitados.

Moral e Ponte

Nos céus ou na vida, os sinais estão sempre lá — piscando, vibrando, avisando. Mas eles só têm poder se decidirmos agir a tempo. Manter-se na faixa verde não é falta de ambição ou coragem — é escolher chegar inteiro ao destino.

CAE – Ritmo Sustentável

Notas: (1 = nunca, 3 = às vezes, 5 = sempre):

1. Reconheço sinais de fadiga antes de entrar em exaustão?

2. Alterno momentos de alta intensidade com recuperação adequada?

3. Evito prolongar períodos de baixa produtividade sem ação corretiva?

4. Ajusto meu ritmo conforme as condições mudam?

5. Sustento meu desempenho mesmo em longos períodos, sem comprometer meu bem-estar físico e mental?

Média Parcial (Ritmo Sustentável): _____

Vertical Speed Indicator (VSI)

Tendência de Humor e Progresso

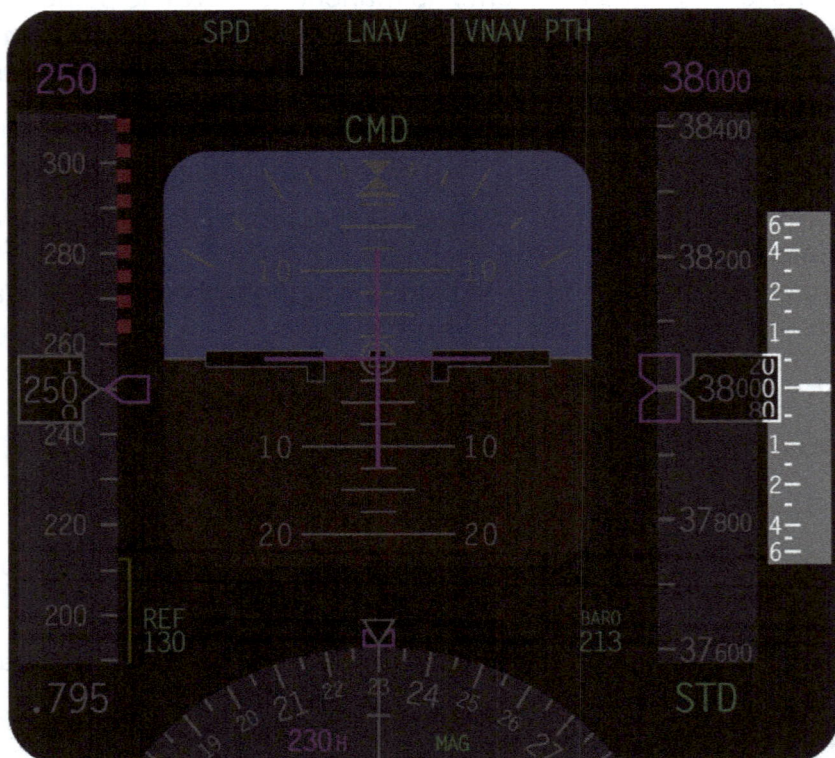

Variômetro, ou Vertical Speed Indicator – VSI, nos painéis modernos são apresentados como vemos ao lado direito da imagem.

De 0 a 2000 pés a divisão é de 500 pés por minuto. De 2000 a 6000 pés a divisão é de 1000 pés por minuto.

Faixa de descida entre 300 e 600 pés/minuto são ideais para aproximações estabilizadas e seguras.

De 600 a 1000 pés/minuto, em algumas condições, como aproximações rápidas ou pistas curtas, pode ser aceitável.

Acima dos 1000 é considerado excessivo para as aeronaves comerciais, podendo danificar o trem de pouso, a fuselagem ou comprometer a segurança dos ocupantes.

Na aviação, o **variômetro** (Vertical Speed Indicator – VSI) mostra se a aeronave está **subindo, descendo ou nivelada**. Ele não mede altitude absoluta — essa função é do altímetro. O variôme-tro revela **a tendência vertical**, ou seja, **a direção e a velocidade da mudança**.

E é justamente essa leitura que salva o piloto de uma **descida inadvertida**, especialmente em condições de baixa visibilidade.

O variômetro não diz onde você está.

Ele diz **para onde você está indo** — e com que urgência.

Tradução para a vida, negócios e saúde emocional

Mais importante que saber onde você está, é saber se está subindo, descendo ou estagnado. O VSI emocional mostra essa tendência — mesmo quando os resultados ainda parecem altos.

- **Subida constante** → crescimento, aprendizado, motivação.

- **Nivelado** → manutenção, estabilidade, zona de conforto.

- **Descida lenta** → desmotivação, perda de foco, desgaste silencioso.

- **Queda acelerada** → colapso iminente, crise, ruptura.

Muitas vezes, não percebemos a descida até ser tarde demais — porque estamos olhando apenas para a "altitude" (resultados), e não para a "tendência" (ritmo de mudança).

O que é / Como funciona / Por que dá resultado

- **O que é:** Um sistema de leitura interna que avalia sua **trajetória emocional, estratégica e energética**.

- **Como funciona:** Observando sinais sutis — como humor, motivação, clareza mental, qualidade das entregas, fee-dbacks e sensação de progresso.

- **Por que dá resultado:** Porque permite **ajustes precoces**, antes que a queda se torne irreversível. Crescer não é só subir — é **subir com consciência da inclinação**.

Aplicações práticas no dia a dia

- **Pergunte-se semanalmente:**

"Estou subindo, nivelado ou descendo?"

Essa pergunta simples pode evitar quedas silenciosas.

- **Use microvitórias como indicadores de subida:**

Pequenos avanços, elogios recebidos, ideias que fluem, sensação de utilidade — tudo isso aponta para uma tendência positiva.

- **Se notar descida constante, corrija atitude antes que vire mergulho:**

Ajuste sua rotina, reveja prioridades, converse com alguém, mude o ambiente.

Na aviação, o piloto corrige a atitude do avião. Na vida, você corrige a **atitude mental e estratégica**.

- **Evite confiar apenas nos "altímetros" da vida:**

Resultados financeiros, métricas de desempenho ou status social podem parecer altos — mas se o variômetro estiver apontando para baixo, o impacto é questão de tempo.

Atenção às Taxas de Descida — Decisões Aceleradas

Na aviação comercial, a **taxa de descida ideal para pouso** gira em torno de **300 a 600 pés por minuto (fpm)**. Acima disso, o piloto entra em zona de atenção.

Descidas superiores a 1.000 fpm podem comprometer a segurança, dificultar o nivelamento e causar **toques duros**, **danos estruturais** ou até **acidentes**.

O avião pode estar na altitude certa, mas se estiver descendo rápido demais, o pouso será violento — ou nem acontecerá.

Tradução para a vida e negócios

A **taxa de descida emocional ou estratégica** é a velocidade com que você **reduz ritmo, muda de direção ou toma decisões críticas**.

- **Descida gradual** → ajustes conscientes, pausas estratégicas, replanejamento.

- **Descida acelerada** → decisões impulsivas, cortes abruptos, rupturas não sustentáveis.

- **Queda livre** → perda de controle, colapso emocional, falência organizacional.

Muitas vezes, a pessoa está "na altitude certa" — tem bons resultados, boas ideias, bons recursos — mas começa a **descer rápido demais**: corta tudo, muda tudo, acelera demais a transição. E o impacto vem.

Aplicações práticas

- **Antes de mudar de carreira, encerrar um projeto ou fazer cortes drásticos**, pergunte: "Estou descendo a 500 fpm ou a 1.500 fpm?" A diferença está na **qualidade do pouso**.

- **Evite decisões em momentos de turbulência emocional** — como na aviação, é melhor estabilizar antes de iniciar a descida.

- **Planeje desacelerações com tempo e margem** — como um piloto que inicia a descida a quilômetros da pista, e não em cima dela.

Descer não é problema. O problema é a velocidade da descida. Na vida, como no voo, o impacto não vem da mudança — vem da falta de preparo para ela.

Conclusão

O variômetro é o instrumento da consciência antecipada. Ele não grita — ele sussurra. E quem aprende a ouvir esses sussurros, evita quedas, corrige rotas e sobe com consistência.

CAE – Avaliação de Progresso (VSI)

Notas: (1 = nunca, 3 = às vezes, 5 = sempre):

1- Consigo perceber se estou em curva ascendente ou descendente emocionalmente?

2- Uso pequenas vitórias como sinal de progresso e motivação?

3- Corrijo rapidamente quando percebo queda de desempenho ou ânimo?

4- Tenho clareza sobre minha evolução semanal/mensal em relação às metas?

5- Evito permanecer em "descida" prolongada sem tomar medidas corretivas?

Média Parcial (Humor e Progresso): _____

Turn Coordinate

Equilíbrio Emocional

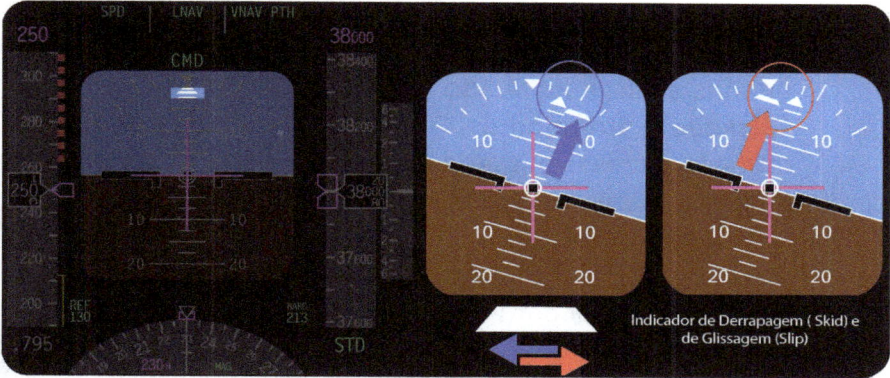

Indicador de Derrapagem (Skid) e de Glissagem (Slip)

No painel de uma aeronave

O *Turn Coordinator* (indicador de curva coordenada) mostra a razão de curva e se o movimento está ou não sincronizado com a derrapagem lateral (*skid*) ou deslizamento (*slip*).

- Derrapagem (Skid): curva excessivamente fechada; a força centrífuga empurra para fora.

- Glissagem (Slip): curva mal coordenada; tendência de "cair" para dentro da curva.

- Coordenado: ponteiro centralizado e bolha no centro, sinalizando voo suave e seguro.

Pilotos monitoram o *Turn Coordinator* junto a instrumentos como velocidade, altitude e bússola, garantindo que cada curva seja executada sem excessos — preservando a estabilidade e a segurança do voo.

Tradução para a vida, negócios e saúde emocional

O mostrador aqui é o seu estado emocional.

Derrapagem emocional:
excesso de impulso, raiva ou ansiedade — decisões preci-
pitadas e desgaste rápido.

Glissagem emocional:
retração excessiva, medo ou apatia — inércia e oportunidades perdidas.

Curva coordenada:
emoções alinhadas com ações — clareza, resiliência e
fluidez para lidar com mudanças.

Equilibrar emoções é como coordenar uma curva: envolve
sentir, perceber e ajustar.

O que é / Como funciona / Como e por que dá resultado

O que é: A prática de manter estabilidade emocional, corrigindo
desvios antes que causem perda de rumo.

Como funciona: Observando sinais internos (tensão, humor, nível de energia) e externos (feedback, ambiente) para ajustar postura e reação.

Como e por que dá resultado: Mantém a rota segura, previne
desgastes extremos e garante decisões mais assertivas.

Aplicações práticas no dia a dia

- Perceber variações sutis de humor e agir preventivamente.
  Fazer pausas estratégicas para "centralizar o ponteiro" antes de decisões importantes.

- Alternar momentos de intensidade emocional com espaços de descanso.

- Procurar perspectivas externas (mentores, terapia, amigos) para realinhar percepções.

- Treinar respostas pausadas em situações de alta pressão.

História real

O dia em que o horizonte sumiu

Lexington, Kentucky — 16 de março de 2002. O céu estava baixo, cinza e pesado. Uma camada espessa de nuvens cobria a cidade, e o ar tinha aquele silêncio abafado que antecede um voo em condições instrumentais. No pátio do aeroporto de Blue Grass, um Cirrus SR-20, branco e elegante, aguardava, com o motor já aquecido, pronto para decolar.

Dentro da cabine, dois pilotos experientes — o comandante, habilitado por instrumentos, e um amigo também piloto — planejavam um voo de treinamento em condições reais de IMC (*Instrument Meteorological Conditions*). A ideia era simples: subir, entrar nas nuvens e praticar aproximações por instrumentos. Tudo parecia sob controle.

O SR-20 acelerou pela pista 04, o ronco do motor crescendo até o som grave se transformar em um rugido contínuo. O avião deixou o solo suavemente, subindo com a proa firme. A 1.400 pés, o piloto ligou o piloto automático, ajustou o *heading* para 090° e iniciou uma curva suave à direita. Poucos segundos depois, mergulharam na massa cinza das nuvens — o mundo exterior desapareceu.

O primeiro sinal. Foi então que algo estranho aconteceu: o Turn Coordinator Indicator — o "olho" que mostra se a curva está coordenada — congelou. A agulha ficou "pregada" para a esquerda, como se o avião estivesse em inclinação constante, mesmo com comandos neutros. Nenhuma bandeira de falha apareceu. Para um piloto em voo visual, seria apenas um incômodo. Mas ali, dentro de um casulo de nuvens, sem horizonte visível, era como perder o senso de equilíbrio.

O comandante hesitou. Confiar no instrumento? Confiar no corpo? O corpo dizia uma coisa, os outros instrumentos diziam outra. A desorientação espacial começou a se instalar — aquela sensação traiçoeira de que o avião está nivelado quando, na verdade, está inclinado... ou vice-versa.

Na sequência a espiral. O piloto desligou o piloto automático para "sentir" o avião. Mas, sem perceber, já estava em uma curva acentuada e descendo rapidamente. O velocímetro subia para a faixa amarela, o altímetro despencava. Lá fora, nada além de um cinza homogêneo. O *Turn Coordinator* continuava mentindo, e agora o horizonte artificial também começava a dar sinais de instabilidade — provavelmente danificado pela recuperação brusca anterior.

O amigo ao lado tentava ajudar, mas a cabine estava tomada por alarmes, vozes tensas e o som crescente do vento cortando a fuselagem. A cada segundo, a margem para erro diminuía.

O rompimento. De repente, um clarão: o avião rompeu a base das nuvens, revelando campos verdes e árvores lá embaixo. O comandante puxou firme o manche, tentando nivelar. O SR-20 respondeu, mas o impulso os levou de volta para dentro das nuvens. Lá dentro, sem referências visuais, a desorientação voltou com força total.

O voo se transformou em uma sequência caótica de subidas, curvas e descidas não coordenadas. O *Turn Coordinator* — que poderia ter sido o guardião da coordenação — estava fora de jogo. E sem ele, a leitura cruzada dos instrumentos se tornou um quebra-cabeça impossível de montar a tempo.

Quando finalmente emergiram das nuvens novamente, estavam baixos demais para tentar voltar ao aeroporto. O comandante escolheu um campo aberto e realizou um pousou de emergência. O impacto foi duro, danificando seriamente a aeronave, mas ambos sobreviveram com ferimentos leves. O paraquedas balístico do Cirrus chegou a ser acionado... mas só abriu depois do toque no solo.

O que a investigação revelou

O NTSB concluiu que o fator determinante foi a perda de controle em voo devido à desorientação espacial, agravada pela falha não diagnosticada do Turn Coordinator Indicator e pelas condições meteorológicas adversas. O instrumento, que deveria indicar a inclinação real da aeronave, induziu o piloto ao erro. Sem referências externas e com dados conflitantes, a mente humana — mesmo treinada — pode ser enganada em segundos.

Pausa para sentir

Imagine estar cercado por um cinza absoluto, sem horizonte, com o corpo dizendo uma coisa e os instrumentos dizendo outra. O som dos alarmes, a respiração acelerada, o suor frio. E saber que, a cada segundo, a margem para corrigir está se esgotando.

No ar ou na vida, perder a referência de coordenação pode levar a decisões erradas em momentos críticos. O Turn Coordinator não é apenas um mostrador — é um guardião silencioso contra a ilusão dos sentidos. Ignorá-lo, ou não perceber sua falha, pode custar o voo... ou muito mais.

"Curvas bem coordenadas mantêm a viagem segura — e as emoções no prumo."

CAE – Equilíbrio Emocional (Turn Coordinator)

Notas: (1 = nunca, 3 = às vezes, 5 = sempre):

1- Percebo rapidamente quando minhas emoções começam a "pendular" para um lado (intensidade ou retração)?

2- Faço ajustes conscientes para recuperar estabilidade antes que o desequilíbrio se agrave?

3- Adio ou evito decisões críticas quando percebo que estou em derrapagem (impulsividade) ou glissagem (apatia/medo)?

4- Alterno momentos de intensidade com pausas de recuperação, preservando clareza e energia?

5- Busco perspectivas externas (amigos, mentores, terapia) quando não consigo "centralizar a agulha" sozinho(a)?

Média Parcial (Equilíbrio Emocional): _____

Tacômetro

Gestão de RPM

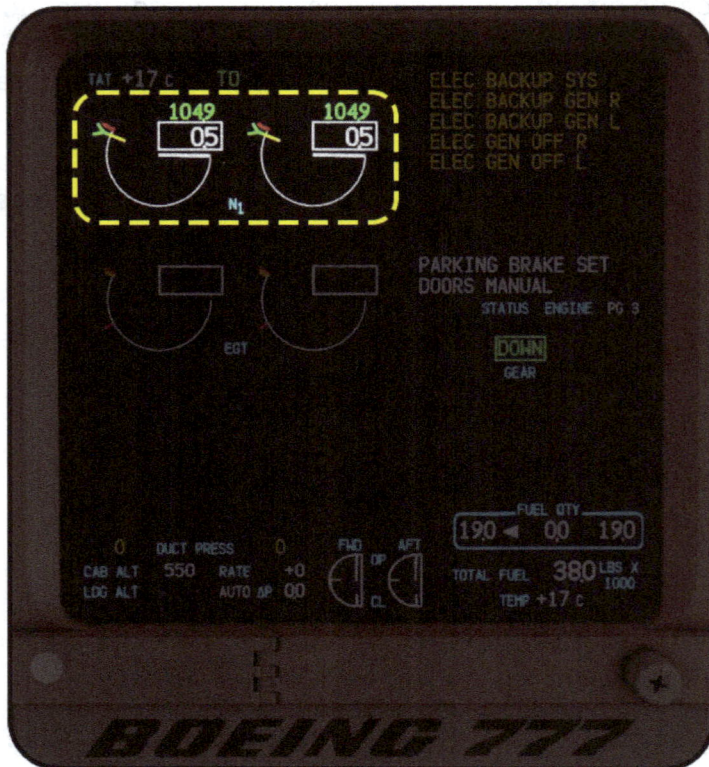

No painel de uma aeronave

O tacômetro indica a rotação por minuto (RPM) do motor — ou, em aeronaves comerciais modernas, a leitura aparece como N1, que representa a velocidade do fan frontal do motor turbofan, expressa em percentual da rotação máxima projetada.

No EICAS (Engine Indication and Crew Alerting System), o N1 é exibido digitalmente, números em porcentagem. Na figura observada, vemos N1 = 104,9% em ambos os motores — sinal de que estão operando em alta potência, provavelmente em fase de decolagem ou subida inicial.

A simetria entre os dois valores indica que não há assimetria de empuxo, o que é essencial para a estabilidade direcional da aeronave.

Durante o voo de cruzeiro, o N1 ideal costuma variar entre 75% e 88%, dependendo da aeronave, altitude, peso e condições atmosféricas. Essa faixa garante potência suficiente com eficiência energética, evitando desgaste excessivo.

⚠ Faixas de operação

- RPM muito alto → desgaste prematuro, superaquecimento, risco de falha mecânica.

- RPM muito baixo para a situação → perda de desempenho, risco de estol em condições críticas.

- RPM ideal → potência adequada ao regime de voo, equilibrando velocidade, economia e durabilidade.

O piloto monitora o tacômetro junto a outros instrumentos — manifold pressure, temperatura de óleo, fuel flow — para manter o motor na zona verde e prolongar sua vida útil.

Tradução para a vida, negócios e saúde emocional

O tacômetro emocional mede o ritmo interno e a intensidade de entrega. Ele mostra se você está girando no verde (eficiência), no amarelo (tensão) ou no vermelho (sobrecarga).

■ Giro excessivo

Trabalhar continuamente no limite, sem pausas. → Esgotamento, estresse, erros, perda de clareza.

■ Giro insuficiente

Operar abaixo da sua capacidade. → Resultados fracos, desmotivação, perda de oportunidades.

■ Giro ideal

Equilíbrio entre intensidade e descanso. → Energia ajustada à demanda, performance sustentável, longevidade produtiva.

Você não precisa girar a 100% o tempo todo.

"Alta performance não é sobre intensidade máxima — é sobre consistência inteligente".

O que é / Como funciona / Por que dá resultado

- O que é: Gestão consciente do "ritmo de rotação" pessoal e profissional — saber quando acelerar, manter ou desacelerar.

- Como funciona: Ajustando sua intensidade conforme a fase do projeto, as condições externas e suas reservas internas.

- Por que dá resultado: Mantém desempenho consistente, evita danos "mecânicos" (saúde, motivação, relacionamentos) e aumenta a longevidade produtiva.

Aplicações práticas no dia a dia

- Reconhecer sinais de excesso de "giro" e aplicar micro--pausas.

- Usar períodos de maior energia para tarefas críticas e de menor energia para atividades de rotina.

- Recalibrar a intensidade semanalmente conforme metas e condições mudam.

- Evitar operar "em marcha lenta" prolongada que leva à estagnação.

- Monitorar indicadores de saúde e bem-estar como parte do "painel" pessoal — sono, foco, humor, alimentação, relações.

Conclusão:

O tacômetro não mede onde você está — mede como você está girando para chegar lá. E saber ajustar esse giro é o que separa o voo suave do colapso mecânico.

História real

O alerta ignorado

3 de outubro de 1985, Montana, EUA.

07h30

O Beechcraft Bonanza V35, prefixo N8475H, decola de Hamilton, Montana, em voo privado com destino a Broadus. O motor rugia com confiança — como um novo projeto ganhando tração.

Mas logo após a decolagem, uma vibração quase imperceptível começa a percorrer a estrutura.

No mundo corporativo, seria um e-mail ignorado ou um gráfico fora da curva.

09h31

O piloto entra em contato com o controle de tráfego aéreo (ARTCC), relatando dificuldades para continuar sob regras VFR (voo visual) e solicitando vetores para Billings, onde aguardaria melhoria do tempo.

No painel, o tacômetro gritava em números: o RPM estava além do limite seguro. Era o equivalente a um negócio crescendo rápido demais, sem processos sólidos para sustentar o ritmo.

09h35

O piloto cancela o pedido de vetores, dizendo que "há grandes buracos abaixo de nós agora".

A decisão de manter a subida, mesmo com sinais de alerta, é tomada — acreditando que a potência extra compensaria o risco.

09h50 (estimado)

O estalo seco.

Uma falha catastrófica de válvula interrompe o funcionamento do motor.

A potência despenca. A altitude — o "fôlego" do projeto — começa a se esvair.

A baixa altura não permite manobras ousadas. O horizonte de opções se estreita.

73

09h51–09h52 (estimado)

O pouso de emergência é tentado em terreno irregular.

A aeronave colide com a parede de um cânion em área montanhosa.

Danos severos à fuselagem — mas não completa destruição.

Assim como empresas que sobrevivem ao colapso, mas carregam cicatrizes evitáveis.

Conclusão da investigação:

A causa foi atribuída ao excesso de RPM, somado à demora na redução de potência, levando à falha mecânica irreversível.

Um exemplo clássico de como ignorar a "zona vermelha" do tacômetro pode custar o voo.

Saber reduzir potência na hora certa não é desistir — é preservar energia para voar de novo.

Pausa para sentir

O som crescente do motor, as vibrações, o ponteiro avançando para o vermelho — sinais claros que, se ignorados, transformam minutos tranquilos em segundos de crise.

No ar ou em terra, respeitar os limites de rotação é proteger seu motor — físico, mental e emocional.

"Não é na rotação máxima que se voa mais longe, e sim no regime de eficiência."

CAE – Gestão de RPM (Tacômetro)

Notas: (1 = nunca, 3 = às vezes, 5 = sempre):

1. Reconheço quando estou "acelerando" além do saudável?

2. Reduzo o ritmo ao perceber sinais de sobrecarga?

3. Evito operar em baixa rotação por longos períodos?

4. Ajusto minha intensidade conforme as condições mudam?

5. Gerencio meu desempenho evitando quedas bruscas, preservando saúde e energia?

Média Parcial (Gestão de RPM): _____

HSI (Horizontal Situation Indicator)

Clareza de Objetivos

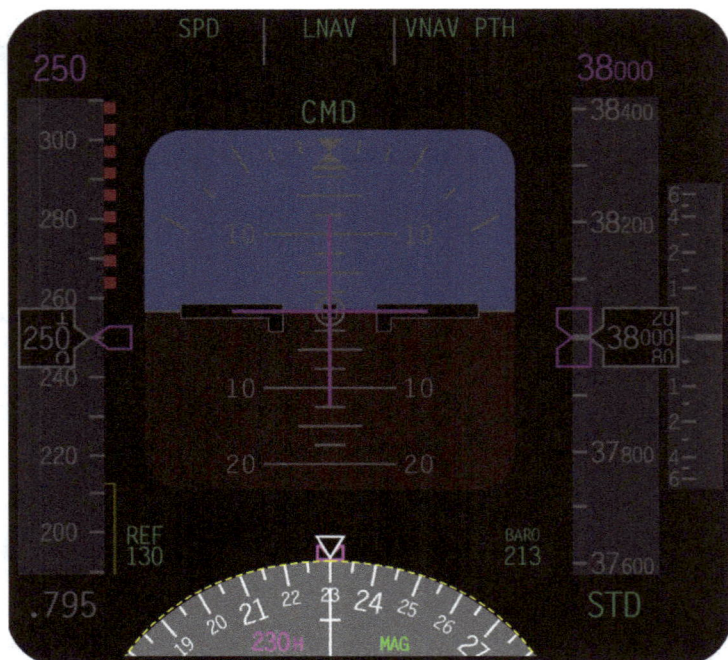

No painel de uma aeronave:
No glass cockpit atual, o HSI (Horizontal Situation Indicator) aparece integrado ao Primary Flight Display (PFD), geralmente abaixo do horizonte artificial, em formato de rosa de navegação parcial — como um transferidor com ângulos destacados.

Esse instrumento avançado combina:
-Indicação de rumo atual (heading)

-Curso selecionado (course)

-Desvio lateral em relação à rota planejada (CDI)

-Fonte de navegação ativa (VOR, ILS, GPS)
Tudo isso em uma única visualização, permitindo ao piloto ver onde está, para onde vai e quão alinhado está com a trajetória ideal — sem alternar entre instrumentos.

A rosa não mostra o mundo inteiro — mas mostra o suficiente para manter o rumo certo.

Tradução para a vida, negócios e saúde emocional

O HSI é a sua clareza de objetivos.

Ele revela se você está rumando com propósito — ou se está desviando sem perceber.

Clareza estratégica

- Mostra seu rumo real em relação ao objetivo traçado.

- Indica desvios sutis antes que se tornem crises.

- Integra diferentes "fontes de navegação" da vida: saúde física, saúde emocional, carreira, relacionamentos, propósito.

Saúde emocional

- O HSI mostra se você está alinhado com o que sente — ou se está forçando uma rota que não combina com seu estado interno.

- Um desvio emocional não corrigido pode levar à exaustão, ansiedade ou desmotivação — como um avião que se afasta do curso sem perceber.

Saúde mental

- Pensamentos desalinhados com valores geram ruído de navegação.

- O HSI mental ajuda a filtrar distrações e manter o foco no que importa.

Saúde física

- O corpo também tem um HSI: sono, alimentação, energia, dores sutis.

- Ignorar esses sinais é como voar sem checar o CDI — você pode estar indo na direção errada, mesmo que o horizonte pareça estável.

Alinhamento não é perfeição — é consciência.

Saber onde está, para onde vai e como corrigir suavemente.

O que é / Como funciona / Por que dá resultado

- O que é: Um indicador de rumo + posição relativa à rota, com integração de múltiplas fontes internas e externas.

- Como funciona: Mostra graficamente rumo, curso e desvios; permite corrigir antes que a trajetória se comprometa.

- Por que dá resultado: Porque clareza sem contexto é incompleta — o HSI oferece as duas coisas: direção e mapa. E quem navega com consciência, evita desvios bruscos e chega com mais leveza.

Aplicações práticas no dia a dia

- Revisar objetivos com indicadores de progresso e contexto (o "curso" e não só o "rumo").

- Integrar métricas de diferentes áreas para monitorar equilíbrio geral.

- Corrigir desvios precocemente, antes que exijam manobras drásticas.

- Usar "navegação cruzada": comparar percepções internas com feedback externo.

- Checar alinhamento não só com a meta, mas com o caminho ideal até ela.

- Monitorar seu "HSI pessoal" com perguntas como: → Estou indo na direção que faz sentido para mim? → Estou me sentindo bem com o ritmo e o rumo? → Há sinais de desvio que estou ignorando?

Conclusão:

O HSI não mostra tudo — mas mostra o essencial. E na vida, como no voo, ver o suficiente para corrigir cedo é o que garante uma jornada segura, coerente e sustentável.

História

Quando o Rumo Some no Escuro

Vitória, Texas — 9 de dezembro de 2019

20h02 (hora local)

O asfalto refletia a luz das lâmpadas do pátio como se fosse óleo derramado. O ar noturno era denso, saturado por nuvens baixas e uma névoa que engolia silhuetas.

A cabine do Cessna 208B Grand Caravan, matrícula N4602B, respirava vida: luzes de advertência piscavam em âmbar, mostradores aguardavam comando, o ronco grave da turbina era um mantra de confiança.

O voo MRA679, um transporte de carga para Houston, acabara de deixar o solo.

20h03

A decolagem foi limpa, mas a segurança durou menos que um suspiro.

Menos de um minuto no ar, o radar mostrava um voo errático: curvas abruptas, altitude flutuante, velocidade instável.

Lá fora, um mar negro sem horizonte; lá dentro, um silêncio perigoso — o **Horizontal Situation Indicator (HSI)** do lado do piloto estava morto.

20h08

"Tenho alguns problemas nos instrumentos...", a voz no rádio denunciava.

Sem o HSI e o indicador de atitude elétrico, privados de energia do inversor, o "norte" desapareceu. As bandeiras vermelhas de inoperante cobriam os mostradores, mas não houve troca para o sistema redundante.

No lado direito, os instrumentos a vácuo ainda funcionavam, mas, na escuridão e confusão, eram como portas fechadas em um corredor em chamas.

20h11

O Grand Caravan buscou o retorno, mas o voo já era uma coreografia desordenada.

Curvas largas, mergulhos súbitos — a desorientação espacial cobrava seu preço.

O corpo enganava a mente: o que parecia nivelado era queda; o que parecia subir era, na verdade, a espiral final.

20h16

Num instante, veio o mergulho decisivo.

Uma queda quase vertical, o impacto a poucos quilômetros do aeroporto, e o silêncio absoluto no rádio.

Lição para o cockpit da liderança

O HSI não é apenas um mostrador: ele é bússola e mapa, é o que separa avanço de deriva.

No ar, perder o HSI é perder clareza; no comando de uma equipe, é perder o alinhamento do objetivo. Sem clareza, qualquer movimento — por mais rápido que pareça — pode ser apenas uma espiral em direção ao chão.

Pausa para sentir

Imagine atravessar um nevoeiro denso: Com o painel certo, cada ajuste é seguro, cada decisão é baseada em dados confiáveis — e a confiança de que chegará ao ponto certo aumenta.

No ar ou na vida: "Não basta saber para onde ir. É preciso saber quão alinhado você está até chegar lá."

CAE – Clareza de Objetivo (HSI)

Notas: (1 = nunca, 3 = às vezes, 5 = sempre):

1. Sei meu rumo e conheço meu curso?
2. Tenho métricas claras para monitorar desvios?
3. Corrijo minha rota assim que percebo desalinhamentos?
4. Integro informações de várias áreas para avaliar progresso?
5. Ajusto metas considerando contexto e não só destino?

Média Parcial (Clareza de Objetivo): _____

EGT

Carga Mental e Estresse

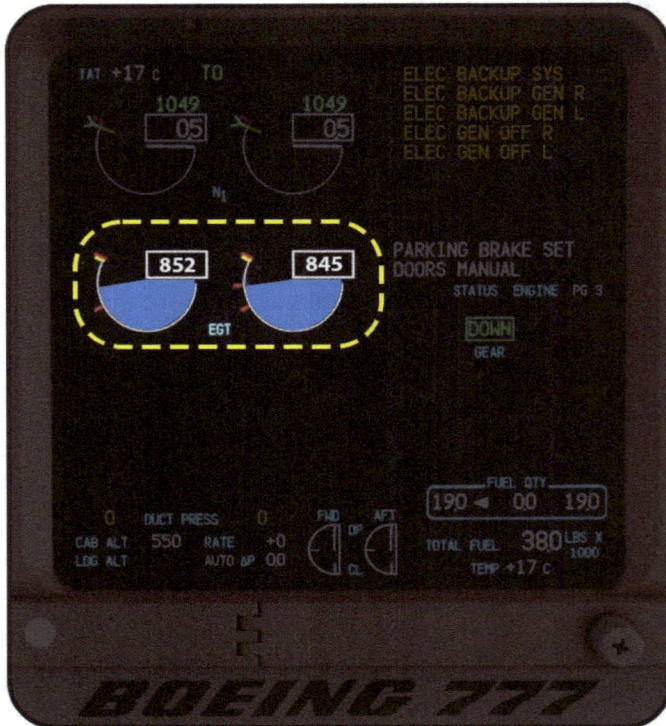

Na aviação, os indicadores de temperatura de exaustão dos gases dos motores (Exhaust Gas Temp) alertam para superaquecimento. Se ignorados, o motor pode falhar em pleno voo.
EGT típico na decolagem com N1 elevado – como no caso.
EGT pode atingir **850°C a 950°C** durante a decolagem.
O limite máximo operacional geralmente fica entre **970°C e 1.050°C**, com margem para tolerância temporária.

EGT alto com N1 elevado é esperado, mas monitorado de perto: Se ultrapassar o limite por tempo prolongado → risco de **superaquecimento da turbina, dano aos componentes internos** e **redução da vida útil**.

É utilizado para **ajustar a mistura** combustível com precisão, especialmente em cruzeiro (lean of peak vs. rich of peak).

Na vida, o EGT emocional mede sua carga mental e nível de estresse. Trabalhar sob pressão é inevitável, mas ignorar sinais de superaquecimento leva ao burnout.

Aplicação prática:

Observe sintomas de fadiga: irritabilidade, insônia, lapsos de memória.

- Use pausas como "mistura ar-descanso" para resfriar o motor.

- Não espere a pane: ajuste antes que o calor destrua sua performance.

CAE – Carga mental e Estresse (HSI)

Notas: (1 = nunca, 3 = às vezes, 5 = sempre):

1. Reconheço sinais de sobrecarga antes de chegar ao limite?
2. Tenho práticas regulares de descanso e recuperação (sono, lazer, pausas)?
3. Sei reduzir intensidade quando percebo sinais de supera-quecimento?
4. Consigo manter performance sem depender apenas de esforço extremo?
5. Evito acumular estresse a ponto de comprometer minha saúde física ou emocional?

Média Parcial (Carga mental e Estresse): _____

EGT – O calor invisível que exige reação imediata

Incidente com Boeing 737 da Gol – Palmas (TO), 2021

O cenário

Um Boeing 737 da Gol decolava de Palmas (TO) em um voo regular. A aeronave subia normalmente quando os instrumentos acusaram **superaquecimento em um dos motores**.

A rota para o desastre

O superaquecimento não significa falha instantânea, mas é um alerta vermelho: se ignorado, pode levar à perda total do motor. A tripulação, treinada para reagir a esse tipo de situação, sabia que cada segundo contava.

O impacto

Os pilotos seguiram o protocolo: reduziram potência, desligaram o motor afetado e retornaram em segurança ao aeroporto de origem. Nenhum passageiro se feriu. O incidente não virou tragédia porque os sinais foram lidos e a ação foi imediata.

A tradução para a saúde

O EGT são os **sensores internos do corpo e da mente**. O superaquecimento é o **estresse, a sobrecarga, a ansiedade**. Ele não derruba de imediato, mas se ignorado, pode levar a colapsos físicos ou emocionais. Assim como os pilotos, precisamos aprender a **reconhecer os sinais e agir rápido**: reduzir potência, descansar, buscar apoio, replanejar.

"Superaquecimento não é falha — é aviso. Quem respeita o aviso, evita a pane."

CDI/Localizer

Coerência Propósito–Ação

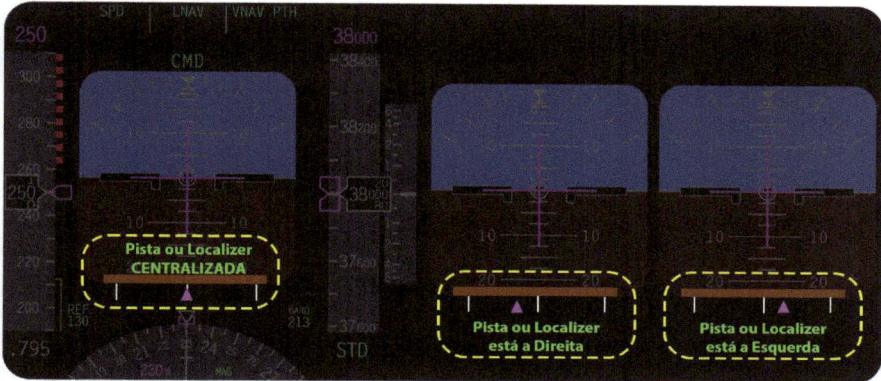

No pouso por instrumentos (<u>sem visibilidade</u>), o CDI (Course Deviation Indicator) mostra se a aeronave está alinhada com o localizador da pista. Uma pequena deflexão já indica desvio de rota.

Na vida, o CDI emocional mede a coerência entre propósito e ação. Você está alinhado com seus valores ou desviando para agradar os outros, perseguir métricas vazias ou ceder à pressão?

Aplicação prática:

Revise semanalmente: minhas ações refletem meu propósito?

- Corrija pequenos desvios antes que se tornem afastamento crítico.

- Lembre-se: pousar fora da pista pode ser fatal para o voo... e para o negócio.

CAE – Coerência Propósito–Ação (CDI/Localizer)

Notas: (1 = nunca, 3 = às vezes, 5 = sempre):

1- Minhas decisões refletem meus valores e propósito pessoal?

2- Estou perseguindo metas que realmente importam, e não apenas distrações?

3- Corrijo rapidamente quando percebo incoerência entre discurso e prática?

4- Tenho clareza sobre o que é "pista principal" na minha vida e negócios?

5- Evito me desviar para rotas que não levam ao destino que defini?

Média Parcial (Coerência Propósito–Ação): _____

CDI/Localizer – O desvio que parece pequeno, mas leva à queda

Acidente do Cessna 340 – San Diego, 2021

O cenário

Em 11 de outubro de 2021, um Cessna 340 bimotor se aproximava de San Diego, Califórnia, em condições meteorológicas adversas. O voo, que deveria terminar em mais um pouso de rotina, acabou se transformando em tragédia.

A rota para o desastre

Durante a aproximação por instrumentos, o piloto enfrentava turbulência moderada a forte. O CDI/Localizer, que deveria mantê--lo alinhado com a pista, começou a indicar desvio. Sob pressão, ele permitiu que a aeronave se afastasse para a direita do curso e descesse abaixo da altitude mínima segura.

A situação se agravou quando o controle de tráfego aéreo ordenou uma arremetida.

O piloto, já sobrecarregado, precisou lidar com múltiplas mudanças de altitude e proa em meio à turbulência. A desorientação espacial se instalou: a aeronave entrou em curva íngreme descendente, enquanto o piloto provavelmente acreditava estar subindo.

O impacto

O Cessna caiu em um bairro residencial, matando o piloto e uma pessoa em solo.

A investigação

O NTSB concluiu que a causa provável foi a **perda de controle devido à desorientação espacial**, agravada por:

- Condições meteorológicas adversas (IMC).

- Desvio do localizador durante a aproximação.

- Sobrecarga de trabalho em momento crítico.

- Falta de proficiência com novos aviônicos instalados recentemente.

Tradução para a saúde

O CDI/Localizer é o **alinhamento interno**.

Na vida, pequenos desvios de hábitos — má alimentação, sedentarismo, descuido com consultas médicas, negligência com a saúde mental — parecem inofensivos no curto prazo. Mas, acumulados, levam a colisões inevitáveis.

Assim como no cockpit, não basta acreditar que está no rumo certo: é preciso **confiar nos instrumentos, corrigir desvios cedo e respeitar os limites mínimos de segurança**.

"Na cabine ou na vida, não é o grande desvio que derruba, mas o pequeno afastamento não corrigido a tempo."

Ponto de Táxi Bravo (Pré-avaliação)

Diálogo de Solo – Ponto Bravo

Empresarial-01:

"Torre, Empresarial-01 . Informando chegada ao ponto Bravo. Solicito autorização para iniciar calibração emocional."

Torre:

"Empresarial-01, recebido. Confirma pronto para ativar protocolo de avaliação interna?"

Empresarial-01:

"Afirmativo. Painel emocional em standby. Iniciando leitura de autoestima, inteligência emocional e motivação."

Torre:

"Checklist liberado. Etapas iniciais:

1. Reconhecimento do estado atual (sem julgamento)

2. Identificação de áreas sensíveis

3. Coleta de feedback interno e externo

4. Definição de parâmetros de subida (objetivos de desenvolvimento)"

Empresarial-01:

"Checklist em mãos. Ajustando atitude mental para voo consciente. Ainda não sei qual será meu ritmo de ascensão — mas estou pronto para descobrir."

🛫 Torre:

"Excelente. O variômetro emocional só funciona com dados reais. Autorizado a taxiar rumo à pista de autoconhecimento. Reporte em Charlie."

"O gerenciamento cuidadoso da cabine — sua mente — é o que garante um voo seguro. Consulte seu painel regularmente, ajuste potência, corrija o rumo e estabilize a atitude. Essa prática sistemática é fundamental para voar alto com clareza e confiança — seja em uma aeronave, na vida ou no seu negócio."

Assim como no cockpit, onde cada instrumento tem função específica, mas todos trabalham integrados, seu painel emocional é um sistema. O Horizonte Artificial garante equilíbrio, o Power Setting dosa esforço, o VSI mostra tendência, o EGT alerta para estresse e o CDI confirma alinhamento de propósito.

"Na vida e nos negócios, não é a tempestade que derruba o voo, mas o piloto que ignora seus instrumentos."

CAE – Certificado de Autoavaliação do Empresário

Autoavaliação do Painel Emocional

Instruções:

Para cada pergunta, atribua uma nota de 1 a 5 (1 = nunca, 3 = às vezes, 5 = sempre).

Ao final de cada instrumento, calcule a média parcial.

Depois, faça a média geral para obter seu nível de prontidão emocional.

Quadro 1 — Média por Instrumento

Instrumento	Q1	Q2	Q3	Q4	Q5	Média Parcial
Horizonte Artificial (Resiliência / Equilíbrio)						
Power Setting (Esforço Intencional)						
Tachometer (RPM de Hábitos / Consistência)						
Airspeed (Velocidade de Execução / Ritmo Sustentável)						
Vertical Speed Indicator – VSI (Tendência de Humor e Progresso)						
HSI (Clareza de Objetivos)						
Turn Coordinator (Adaptabilidade e Resiliência)						
Fuel Flow (Energia Sustentável)						
EGT (Carga Mental e Estresse)						
CDI/Localizer (Coerência Propósito–Ação)						

Quadro 2 — Média Final CAE

(resumo das médias parciais de cada instrumento)

Instrumento	Média Parcial
Horizonte Artificial	
Power Setting	
Tachometer	

Instrumento	Média Parcial
Airspeed	
Vertical Speed Indicator (VSI)	
HSI	
Turn Coordinator	
Fuel Flow	
EGT	
CDI/Localizer	
MÉDIA FINAL CAE	

Interpretação das Médias (CAE)

Faixa de Média (1 a 5)	Classificação	Significado Prático	Cor
1,0 a 2,4	Risco Elevado	Desempenho muito abaixo do padrão. Atenção imediata e plano de ação corretivo.	● Vermelho
2,5 a 3,4	Risco Moderado	Resultado aceitável, mas com pontos de atenção. Requer ações de melhoria pontuais.	● Amarelo
3,5 a 5,0	Risco Baixo	Nível satisfatório ou excelente. Manter boas práticas e revisar periodicamente.	● Verde

CAE
Certificado de Autoavaliação

CERTIFICADO

Seja no início ou após anos de experiência, todo empreendedor precisa mais que estratégia: é vital cuidar da saúde e das emoções para tomar decisões com clareza e agir com consistência. Negócios sólidos nascem do equilíbrio entre mente, corpo e resultados.

	Baixo	Moderado	Elevado
Horizonte Artificial **Resiliência e Equilíbrio**	☐	☐	☐
Power Setting **Esforço Intencional**	☐	☐	☐
Tachometer **RPM de Hábitos**	☐	☐	☐
Airspeed **Velocidade de Execução**	☐	☐	☐
Vertical Speed **Humor e Progresso**	☐	☐	☐
HSI **Clareza de Objetivos**	☐	☐	☐
Turn Coordinator **Adaptabilidade**	☐	☐	☐
Fuel Flow **Energia Sustentável**	☐	☐	☐
EGT **Mente e Estresse**	☐	☐	☐
CDI/Localizer **Coerência Proposito-Ação**	☐	☐	☐

Se você foi honesto consigo mesmo e percebeu que ainda não alcançou a média necessária, não se preocupe. Não alcançar a média não significa fracasso — significa apenas que você identificou onde precisa investir energia. No final do livro há um capítulo dedicado a dicas práticas e uma nova oportunidade de reavaliação. O voo continua — e cada piloto tem seu tempo de preparação.

Agora, se você foi merecedor do seu CAE e conquistou o certificado e o crachá de Piloto Privado nos negócios, parabéns. Isso significa que seus instrumentos internos estão calibrados, sua consciência está em modo operacional e você está pronto para seguir adiante. O crachá de Piloto Privado é apenas o início: a cada etapa, você poderá avançar para novas habilitações até alcançar o posto de Comandante.

Motores ligados, checklist concluído, taxi autorizado. Estamos prontos para alinhar na pista. O próximo ponto de notificação é Charlie — e a partir daqui o céu pertence aos empreendedores.

Ponto Charlie

Transição para Empreendedorismo e Arrumação

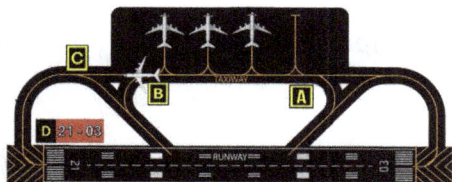

Empresarial-01:

Torre, Empresarial-01. Confirmo leitura estável dos instrumentos internos.

Autoestima, inteligência emocional e motivação calibradas.

Recebi o crachá de Piloto Privado — pronto para seguir para o ponto Delta.

Torre:

Empresarial-01, recebido. Parabéns pela conquista.

Confirma que está pronto para deixar o espaço de autoconhecimento e iniciar o taxiamento rumo à zona de negócios?

Empresarial-01:

Afirmativo. Painel mental em modo operacional.

Pronto para navegação estratégica, tomada de decisão e gestão de recursos.

Solicito autorização para ativar protocolo de preparação empreendedora.

🛕 Torre:

Autorizado. Checklist de transição liberado:

- ■ Revalidação da missão e tese do negócio
- ■ Alinhamento com sócios e equipe
- ■ Planejamento de rota (estratégia, escopo, recursos)
- ■ Monitoramento contínuo dos indicadores de empuxo, consumo, temperatura e vibração

✈ Empresarial-01:

Checklist recebido. Confirmo que estou no ponto Charlie, iniciando taxiamento controlado rumo ao ponto de espera Delta. Solicito autorização para manter posição e aguardar liberação da pista de execução consciente.

🛕 Torre:

Empresarial-01, autorizado a manter no ponto de espera Delta. Aguarde liberação da pista. Mantenha comunicação ativa com a torre e revise os parâmetros de alinhamento estratégico. Lembre-se: o sucesso do voo depende da clareza antes da aceleração.

✈ Empresarial-01:

Entendido. Motores em regime de prontidão, missão clara, equipe a bordo.

Manter posição no ponto Delta.

Aguardando sinal verde para alinhar com a pista e iniciar o voo empreendedor.

Trecho Silencioso

Navegando os Ventos Internos

Antes de qualquer voo, há uma travessia que não aparece nos mapas. Ela não tem altitude definida, nem coordenadas exatas. É feita de ventos que não se enxergam, mas que se sentem — ventos que sopram dentro da cabine, dentro do piloto.

Este é o **Trecho Silencioso**. O espaço entre o ponto Bravo e o ponto Charlie. O momento em que o empreendedor não está parado — está **calibrando**. Está ouvindo o que antes ignorava, ajustando o que antes não percebia. É nesse espaço interno que se define a **qualidade do voo que virá**.

Aqui, não há manetes nem painéis digitais. Há silêncio, escuta, revisão. Há coragem para enfrentar turbulências internas antes de encarar o mercado.

Se você chegou até aqui, é porque não apenas leu — **você sentiu**. Agora, com os instrumentos internos ajustados, é hora de seguir. O crachá de Piloto Privado está em mãos. O ponto Charlie aguarda. E o céu dos negócios começa a se abrir.

O Invisível que Faz Voar — Desejo como Força Aerodinâmica

Muitas pessoas acreditam apenas no que conseguem ver ou tocar. Mas a vida — e o voo — são sustentados por forças que não se enxergam, mas que fazem tudo acontecer.

- Você não vê o ar, mas ele sustenta cada asa.
- Você não enxerga as ondas sonoras, mas elas fazem sua pele vibrar com a música.
- Você não vê a luz em si, apenas aquilo que ela ilumina.
- Você não vê o calor, mas sente sua pele reagir às ondas de energia.

Na aviação, o mesmo acontece: **sem o ar, nenhuma aeronave sairia um milímetro do chão**. É invisível, mas é a condição fundamental para o voo. E não basta apenas existir ar: é preciso que a asa tenha a curvatura correta, que os motores gerem fluxo, que a configuração esteja ajustada. Só assim a sustentação acontece.

Com o desejo é igual. Ele é a **força invisível** que sustenta o voo da vida e dos negócios. Não se vê, não se toca, mas sem ele nada decola. O desejo precisa ser preparado, calibrado e direcionado — como uma aeronave que passa por briefing, checklist e configuração antes da decolagem.

A ausência de dúvidas de que o avião vai voar é a mesma ausência de dúvidas que precisamos cultivar em relação ao nosso desejo. A tripulação confia plenamente na aerodinâmica, na curvatura das asas, nos cálculos invisíveis que tiram do chão e sustentam toneladas de metal no ar. Da mesma forma, o empreendedor precisa confiar que, se o desejo for claro, íntegro e bem-preparado, ele encontrará sustentação.

"Desejo é a força aerodinâmica que você não vê, mas que elevará seu voo com poder. Preparação é a asa que transforma essa força invisível em sustentação real. Confiança é a tripulação que acredita que a decolagem é inevitável."

O Poder Invisível do Desejo

Cuidado com o que você deseja

Todo mundo já ouviu essa frase: *"Cuidado com o que você deseja."* Ela soa como aviso, quase uma maldição disfarçada de sabedoria popular. Mas o que poucos percebem é que ela não fala sobre o perigo do desejo — fala sobre o **poder dele**.

Desejar é acionar forças invisíveis. É como o calor que você sente na pele, mas não vê; como o som que vibra em seus ouvidos, mas não enxerga; como a luz que não se mostra em si mesma, apenas nas coisas que ilumina; como o ar que não se vê, mas sustenta cada respiração.

Assim também é o desejo: invisível, mas real. Ele não distingue entre o que é bom ou ruim, justo ou egoísta, consciente ou impulsivo. Ele apenas responde.

Empreendedores desejam ter uma empresa — e o universo responde. Depois, exaustos, desejam se livrar dos problemas — e o universo também responde. Alguns desejam sucesso, outros desejam paz, outros desejam que tudo acabe. E todos, de alguma forma, são atendidos.

Mais perigoso do que não desejar... é **desejar sem perceber**. Porque o desejo não é só o que você diz — é o que você sente, o que você repete em silêncio, o que você alimenta com foco, medo ou obsessão.

Neste capítulo, vamos explorar essa força invisível que move negócios, pessoas e destinos. Porque entender o desejo é entender o campo oculto por trás de cada voo — e o motivo de cada queda.

Desejo como Força Invisível

No início da jornada, o desejo do empreendedor é como o ar que sustenta as asas: invisível, mas indispensável. Ele muda sua postura, amplia conversas, insiste mais um dia, abre os olhos para oportunidades onde antes só havia obstáculos. Não é magia; é foco que vira movimento coordenado. Onde há desejo claro, há alinhamento de ações — e o voo ganha sustentação.

Mas a mesma força que ergue também pode puxar para baixo. Exausto, você começa a desejar "me livrar desses problemas". Pequenas desistências viram padrão: posterga conversas duras, terceiriza decisões, tolera desvios. O universo responde ao comando invisível: o voo perde altura, busca o chão.

Ausência de Dúvidas não é Teimosia

"Desejo + ausência de dúvidas" não significa cegueira; significa inteireza. Dúvida excessiva é como turbulência interna: cada escolha vira uma briga, cada curva exige energia demais. Inteireza é convicção com curiosidade. Você protege o rumo, mas ajusta a inclinação quando necessário. Troca teimosia por disciplina; ansiedade por cadência.

O Campo do Desejo Coletivo

Nenhum voo é solitário. Passageiros existem — funcionários, familiares, clientes, fornecedores. Quando a gestão é desumana, nasce um desejo coletivo silencioso: *"pouse no aeroporto mais próximo — eu quero desembarcar antes que isso vire tragédia."* Esse vento contrário se manifesta em cinismo, passividade, rotatividade, boicotes sutis, perda de reputação.

Mas quando a liderança é justa, clara e humana, o desejo coletivo vira vento de cauda. As pessoas ajudam sem serem solicitadas, protegem a marca, trazem ideias. O voo rende e fica mais prazeroso.

Higiene do Desejo

Assim como cuidamos do corpo e da mente, precisamos cuidar da qualidade dos nossos desejos.

Higiene do desejo é manter o desejo limpo, consciente e alinhado.

- Evitar desejos contaminados por medo, vaidade, vingança ou exaustão.

- Revisar periodicamente se o que você deseja ainda faz sentido — ou se virou reflexo automático.

- Detectar contradições internas, como desejar crescimento, mas sabotar decisões que o promovem.

- Alinhar desejo com ações, rituais e métricas reais — para que não fique só no plano da intenção.

- Cuidar do campo coletivo, porque desejos desalinhados entre líderes e equipe geram turbulência invisível.

- **Evitar desejos contaminados** por medo, vaidade, vingança ou exaustão.

- **Revisar periodicamente** se o que você está desejando ainda faz sentido — ou se virou apenas um reflexo automático.

- **Detectar contradições internas**, como desejar crescimento, mas sabotar decisões que o promovem.

- **Alinhar o desejo com ações**, rituais e métricas reais — para que ele não fique só no plano da intenção.

- **Cuidar do campo coletivo**, porque desejos desalinhados entre líderes e equipe geram turbulência invisível.

É uma forma de dizer: "Desejar não basta — é preciso desejar bem."

"Se o Turn Coordinator do seu desejo indica uma inclinação acentuada para um rumo pouco saudável ou desonesto, é exatamente para lá que você voará. E o pouso, inevitavelmente, não será suave — mas duro e doloroso."

Conclusão

No fim, o universo conspira com quem conspira com ele: desejo claro, ausência de fissuras, ações coerentes e cultura que sustenta.

Se o seu desejo secreto é pousar, seu avião já começou a descer. Se o seu desejo é atravessar as nuvens e chegar mais longe, mantenha o fluxo que alimenta os motores, leia os sinais com sensibilidade e convoque o desejo coletivo para empurrar junto.

"Quem pilota o desejo, pilota o destino".

Foco

O Leme Invisível

Como dito no capítulo anterior, todo mundo já ouviu: *"Cuidado com o que você deseja."* Mas o que poucos percebem é que o **foco é o leme invisível desse desejo**. Onde sua atenção repousa, sua vida — e o seu negócio — começam a construir pistas.

O foco molda o real: o que você escolhe ver cresce; o que você ignora some do radar... até reaparecer como obstáculo.

Para quem ainda vai empreender, foco é bússola desde o primeiro esboço da rota: define prioridades, filtra ideias e impede que você se perca entre oportunidades sedutoras, mas irrelevantes.

Para quem já empreende, foco é manutenção de rumo: garante que cada curva seja deliberada e que a energia não se disperse em múltiplas direções.

Foco como Navegação

No cockpit da liderança, o foco é a navegação. Ele define a rota, organiza recursos e mantém a tripulação alinhada.

Um mesmo dia pode ser pista iluminada ou corredor sem direção — a diferença está em iluminar. Piloto que acende as luzes de táxi clareia o caminho e transforma incerteza em pista; mantê-las apagadas é taxiar no escuro, conduzindo-se para um desfecho que pode jamais ser chegada.

Quem inicia um negócio geralmente decola com norte claro: problema que quer resolver, público que quer servir, proposta que quer oferecer. Mas, com o tempo, o ruído do dia a dia pode empurrar o foco para o apagar de incêndios. Quem já está no ar há muito tempo sabe: até avião potente voa em círculos se o piloto esquece o destino.

Ignorar as luzes de alerta do seu foco é voar como se nada pudesse dar errado — até perceber que a colisão era só uma questão de tempo.

▲ O Viés do Foco e Seus Desvios

Foco é multiplicador: tanto das virtudes quanto dos erros.

- Se fixa na escassez, você enxerga ameaça em todo horizonte.

- Se alinha à vaidade, transforma decisões em palanque.

- Se aponta apenas para o curto prazo, sacrifica o futuro pelo ganho imediato.

Para o iniciante, o risco é se encantar com tudo e não aprofundar nada. Para o veterano, é confundir movimento com progresso e girar em alta velocidade sem sair do lugar.

E há o hiperfoco: mirar tão de perto que se perde o contexto. Resultado: otimiza uma parte e degrada o todo, conquista no trimestre e perde no ano.

O Campo Coletivo do Foco

Empreendedores — novos ou experientes — não focam sozinhos. A forma como você olha para o negócio ensina sua equipe a olhar também.

- Se o seu foco é medo, o time treina defesa.

- Se é clareza e propósito, treina excelência.

Quando as prioridades mudam ao sabor do humor da liderança, nasce um cansaço que dispersa o foco coletivo. As pessoas passam a desejar apenas "pousar no aeroporto mais próximo" e abandonar o voo.

Quando a liderança é coerente, o foco coletivo se transforma em vento de cauda: as pessoas antecipam problemas, criam soluções e cuidam do voo como se fosse delas.

Higiene do Foco

Higiene do foco é zelar pela qualidade da sua atenção. Limpar ruídos, checar rumo, calibrar instrumentos. É disciplina de presença — tanto para quem começa, quanto para quem já está no ar.

- **Defina o Norte:** Resuma o objetivo do trimestre em uma frase que qualquer membro do time consiga repetir.

- **Controle o zoom:** Alterne entre "voo alto" (estratégia) e "voo baixo" (execução).

- **Escolha poucos indicadores:** Foque no que realmente move o avião.

- **Crie ritos de blindagem:** Momentos sem interrupção e horários fixos para decisões.

- **Fale a língua do foco:** Substitua "tudo é prioridade" por "este é o próximo passo".

Minha História: Quando o DESEJO Foi Forte, mas o FOCO faltou

Faz 50 anos que trabalho na área de matéria-prima termoplástica, principalmente as de engenharia — aqueles grãozinhos que se utilizam, por exemplo, para fabricar as chaves de seta do seu automóvel. E não só, claro.

No começo do livro, contei que, para sair de um estado emocional nada bom, imaginei que precisava buscar assuntos diferentes ao final do expediente. Foi quando surgiu o curso de piloto no meu caminho.

Na época, os professores do Aeroclube de São Paulo, no Campo de Marte, usavam transparências e retroprojetores para mostrar imagens e depois explicá-las. Por sorte, todos eram bons professores, mas alguns iam muito além: Bergamini, Titus, Banci. Esses eram excelentes.

Eu olhava aquelas transparências e não acreditava que àquela altura, aquelas curvas e cálculos eram realmente daquele jeito que ensinavam os comandantes que ocupavam cockpits fabulosos das máquinas voadoras. Comentando com amigos que fiz durante as aulas, surgiu a ideia de criar uma escola de aviação moderna, com recursos mais avançados — como computação gráfica, ainda incipiente na época.

Com o espírito empreendedor que sempre tive, liderei o grupo e criamos a escola "teórica". Em pouco tempo, ela se tornou a mais moderna do Brasil. Uma revista importante do setor soube da escola e publicou uma matéria. De alguma forma, o prefeito de uma cidade no sul de Minas Gerais tomou conhecimento e nos convidou para uma visita à prefeitura.

Chegamos lá e fomos muito bem recebidos. O prefeito era um homem calmo, gentil, educado. Ele queria saber se tínhamos como montar um aeroclube na cidade, usando o aeroporto que estava abandonado. Clubes precisam de sócios. Aeroclubes precisam de sócios com aviões. Simples assim. Perguntei, já sabendo a resposta:

— Quantas pessoas o senhor conhece que são proprietárias de aeronaves?

Ele respondeu:

— Nenhuma.

Continuamos a conversar, porque ele queria encontrar uma forma de dar movimento ao aeroporto. Foi então que lancei uma ideia que o deixou espantado:

— O que o senhor acha de montarmos uma linha aérea que ligue São Paulo, passe por aqui e siga até Belo Horizonte, retornando no fim da tarde?

Os olhos do prefeito quase saltaram.

— Uma linha aérea?

— Sim, uma linha aérea.

Na verdade, eu conhecia uma pessoa no Campo de Marte que tinha essa intenção. Eu apenas uniria o útil ao agradável. Claro que o prefeito aceitou prontamente.

Tratei com essa pessoa, que condicionou a criação da linha aérea a uma reforma no aeroporto. Marquei nova reunião com o prefeito e perguntei se ele estaria disposto a colaborar. Ele aceitou, mas tudo precisaria passar pela Câmara Municipal e, depois, por licitação.

Enquanto isso, o DAC (Departamento de Aviação Civil) iniciou uma reforma na pista. Coincidência ou não, o desejo coletivo parecia mover engrenagens invisíveis. Em pouco tempo, a pista estava maravilhosa. Da nossa parte, reformamos a área de embarque e desembarque, sala VIP e torre de controle. O investidor comprou duas aeronaves Caravan, com capacidade para 11 pessoas — ideal para uma linha aérea de baixa densidade.

O investidor comprou, além das aeronaves, um veículo de bombeiro específico para emergências.

Algumas aprovações do DAC seriam necessárias, e as conseguimos após viagens ao Rio de Janeiro e conversas com o Brigadeiro diretor do órgão.

O investidor me disse uma frase interessante:

— Meu pai dizia que, se eu quisesse ficar milionário, deveria montar uma linha aérea. Porque, sendo bilionário, eu perderia tanto que, quando resolvesse parar a tempo, ainda teria dinheiro para me considerar milionário.

Enfim, tudo pronto. Da minha parte, não coloquei um único centavo — porque não tinha.

Voltando da última inspeção, que marcaria a cerimônia de inauguração, recebi uma ligação na rodovia Fernão Dias:

— Falo com o Sr. Fabio?

— Sim.

— Aqui é fulano, do gabinete do governador Itamar Franco. O senhor precisa mudar a data da inauguração, porque o governador não poderá comparecer.

Detalhe: durante todo o processo, não vimos um único gesto de apoio do governador.

— Desculpe, pode repetir?

— O senhor precisa mudar a data.

— Por causa do governador?

— Sim. Ele precisa estar presente.

— Por quê?

— Porque ele é o governador.

— Entendo. Mas não tenho como alterar a data.

Foram mais algumas ligações, até que ficou decidido: a inauguração seria mantida, e o governador enviaria um secretário para representá-lo. Justo.

Não vou me alongar, mas, para encerrar: após quase um ano de idas e vindas, reuniões com prefeitos de cidades vizinhas para fomentar passageiros e tantas outras coisas, posso dizer que não coloquei um único Real — e também não vi um único centavo.

Enquanto isso, eu ainda corria com a escola e, claro, com o que sempre me sustentou: o plástico.

O desejo foi poderoso. Transformou uma conversa em escola e, numa realidade impressionante, virou até aeroporto e linha aérea. O DESEJO é f...

Mas a pergunta que ecoa é: **cadê o foco?**

Aquilo não pagava minhas contas.

FOCO! FOCO! FOCO!

Se eu tivesse colocado a energia do meu desejo no que sempre fiz, e conheço como a palma da minha mão, não teria passado por apertos desnecessários.

Se essa história valeu de algo, foi para que eu pudesse narrá-la aqui, e para que você pense uma, duas, dez vezes antes de fazer o mesmo.

FOCO! Olho nos seus instrumentos de navegação.

FORÇA DA FÉ

O Plano de Voo Que o Coração Assina

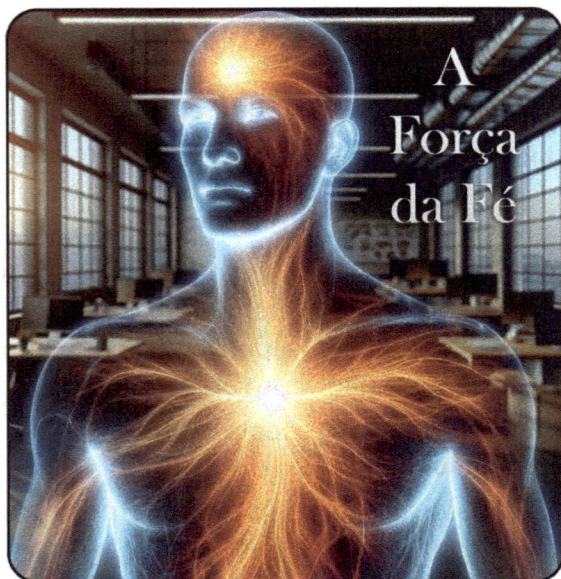

Quando o coração do homem pulsa no compasso da mente de Deus, até os gigantes se curvam diante do seu propósito. A fé é a ponte invisível que transforma o desejo em destino.

Aceitar e cultivar é traçar o sentido dos próprios passos como quem ajusta o plano de voo antes da decolagem: revendo rota, calibrando instrumentos, verificando cada detalhe do checklist. Caminhar sem definir toda a estrada é como voar em condições de teto baixo, quando o horizonte se oculta e a confiança repousa no painel — na precisão dos indicadores e na certeza de que eles conduzem, mesmo sem visão clara da paisagem.

Fé não é ausência de razão, mas coragem de avançar quando nem todos os faróis de pouso conseguem varrer a escuridão à frente. É ler o altímetro do coração e confiar na potência invisível dos motores internos, que sustentam o voo quando o ar rareia. É manter a mão firme no manche enquanto a turbulência testa sua determinação.

Há dias em que o céu fecha, as nuvens engolem a rota e até as luzes estroboscópicas parecem pequenas contra a imensidão cinza. Nesses momentos, a fé se torna o farol anticolisão — aquele aviso constante de que ainda há energia, movimento e vida no voo. É a disciplina de manter velocidade e altitude de cruzeiro, mesmo quando a paisagem não oferece pontos de referência.

Quem vive pela fé aprende a confiar nos instrumentos internos. Como um comandante que sabe que o horizonte artificial não mente, entende que o equilíbrio nem sempre é visível a olho nu, mas se sente no ajuste fino. O mapa pode não mostrar todas as turbulências, mas a experiência ensina a reagir com calma e a esperar que o ar volte a ficar suave.

Assim como a decolagem exige potência máxima, muitas mudanças na vida pedem um empuxo inicial que desafia a inércia. Mas, uma vez no ar, a jornada passa a ser conduzida por ajustes constantes, correções sutis no leme e a consciência de que cada milha adiante é conquista silenciosa.

Seguir com fé é aceitar que o destino nem sempre aparece na carta de navegação desde o início. É como um voo IFR sobre um oceano noturno, em que não se vê nada além dos indicadores no painel e a voz tranquila da torre orientando à distância. É acreditar que, no momento certo, as luzes da pista — de pouso, de táxi e de navegação — surgirão no horizonte, alinhadas, firmes, prontas para receber o pouso.

A fé também é movimento e preparo: é revisar o checklist antes de entrar na pista, alinhar, acelerar, rotacionar — e, mesmo quando o trem de pouso ainda não recolheu totalmente, já saber que não há mais volta. É essa confiança que mantém a aeronave — e o piloto — seguindo, mesmo quando a previsão meteorológica muda no meio da rota.

Ela é a força que sustenta quando os sistemas falham e só resta o essencial: asas, empuxo e determinação. Não é teimosia cega — é lucidez para reconhecer que, embora não se enxergue o destino todo, há sempre luz suficiente para o próximo passo... ou para a próxima milha.

O piloto, ao sentar-se no assento diante do painel, não questiona se ele suportará o seu peso — apenas se senta. Isso é fé.

A mesma confiança que deposita nos motores para mantê-lo no ar e nas luzes de pouso para guiá-lo na noite é a que precisamos cultivar na vida: uma entrega tranquila a algo que sabemos que foi feito para nos conduzir.

E, quando o pouso finalmente se concretiza e as rodas tocam o asfalto iluminado, entende-se que a fé não serviu apenas para chegar — ela moldou o comandante que conduz o voo.

"Fé é voar noite adentro confiando que, em algum ponto do horizonte, as luzes da pista acenderão para você — e sentar-se no comando certo de que ele sustentará cada parte da jornada."

Ao piloto empreendedor

Na ativa ou em preparação para sua primeira decolagem, desejo que a **Força do Desejo** acenda seus motores, que o **Poder do Foco** mantenha sua proa firme no rumo certo e que a **Fé** seja o combustível invisível que o sustentará quando as nuvens se fecharem.

Que cada voo seja mais que um trajeto: seja aprendizado, conquista e história para contar. Céus claros e ventos de cauda na sua rota.

O Invisível que Decide o Destino

O relógio marcava 16h09. O Boeing cortava o céu a 10 mil metros de altitude, deslizando sobre um tapete azul sem fim. Lá embaixo, o Pacífico refletia o sol como um imenso espelho líquido. O clima era perfeito: céu limpo, vento suave, nenhuma turbulência no horizonte.

Dentro da cabine de passageiros, o ar era de tranquilidade absoluta. Alguns viajantes cochilavam com a cabeça encostada na janela, embalados pelo ronronar constante dos motores. Outros folheavam revistas, assistiam a filmes ou simplesmente deixavam o olhar se perder no infinito. O serviço de bordo havia terminado há pouco; o aroma de café ainda pairava no ar.

Na cabine de comando, a cena era igualmente serena. Os dois pilotos conversavam em tom baixo, alternando olhares para o painel. Todos os indicadores estavam no verde:

- Velocidade de cruzeiro estável
- Altitude constante
- Motores respondendo perfeitamente
- Combustível dentro da margem planejada

O comandante, experiente, sabia que aquele era o tipo de voo que todo piloto aprecia: previsível, suave, sem surpresas. O copiloto, concentrado, conferia os instrumentos com a precisão de um maestro afinando cada nota. Lá fora, o sol começava a descer no horizonte, tingindo o mar de dourado.

Era o retrato da normalidade. E, justamente por isso, ninguém imaginava que algo invisível já trabalhava contra eles.

Na cauda, longe dos olhos e dos sensores, um pequeno componente — o *jackscrew*, uma rosca de aço responsável por inclinar o estabilizador horizontal — carregava um desgaste acumulado por anos. A lubrificação havia sido adiada, as inspeções, espaçadas. Nada gritava "perigo" naquele momento. Era apenas um inimigo silencioso, paciente, esperando o instante certo. Não havia alarme, não havia vibração, não havia sinal no painel. Tudo parecia perfeito... até que não fosse mais.

Quando a falha se manifestou, foi abrupta. O manche respondeu com resistência. Pequenos ajustes não surtiam efeito. O estabilizador estava preso. Eles tentaram manobras, consultaram procedimentos, coordenaram esforços. Mas a física não negocia.

O nariz começou a baixar. Primeiro, alguns graus. Depois, mais. O mar, antes distante, agora crescia no para-brisa. O avião, antes estável, entrou em mergulho inesperado. A tripulação reagiu com habilidade e coragem, mas a altitude e o tempo já não estavam a seu favor.

As investigações posteriores revelariam: não foi falta de competência, nem de atenção. Foi a ausência de controle sobre o invisível — aquilo que não se mede com instrumentos, mas que, se negligenciado, pode decidir o destino de um voo.

O Invisível nos Negócios

Nos negócios, o painel também pode estar todo no verde:

- Vendas em alta
- Caixa saudável
- Equipe motivada
- Mercado favorável

Mas, assim como no voo, há forças que não aparecem nos relatórios: foco, desejos, fé, equilíbrio emocional. É nelas que mora o risco silencioso. Um empreendedor — veterano ou iniciante — que ignora esses elementos pode se ver, de repente, em queda livre, mesmo com todos os indicadores "perfeitos".

O domínio das emoções é o equivalente à manutenção preventiva de uma aeronave: não se vê no painel, mas é o que garante que, diante de uma falha inesperada, você tenha altitude e tempo para reagir.

Existe um filme chamado *O Piloto*, inspirado em histórias como esta. Nele, contra todas as probabilidades, o comandante consegue pousar com segurança.

É assim que eu, neste livro, torço por você: para que, ao cuidar do visível e do invisível, você conduza seu voo — sua empresa, sua vida — até um pouso – "Soft landing".

Quando o Nevoeiro se Dissipa

Há um instante — silencioso e inesperado — em que algo dentro de nós se rompe. Não é uma fratura visível, não deixa marcas no corpo. Mas dói. E dói de um jeito que não se traduz em palavras, porque não é a carne que sofre — é a alma que se cala.

É aquele momento em que você percebe que luta, trabalha, insiste, resiste... e, ainda assim, enquanto o mundo gira, sua vida parece suspensa no mesmo ponto. Você grita, mas só escuta o eco de si mesmo. Olha para a carteira vazia e sente o peito apertar. Vê pessoas prosperando ao redor e se pergunta, com um nó na garganta:

"Até quando ficarei no solo, vendo outros ganharem o céu?"

Não é sombra no coração. Não é veneno na alma. É apenas o cansaço de rodar em meio à névoa, tentando encontrar a pista e o eixo certo. Um vazio que não se preenche com frases prontas nem com promessas fáceis.

Esse sentimento revela que sua aeronave até se move, mas não encontra o alinhamento necessário. Os motores rugem, a potência existe, mas sem visibilidade não há direção, e sem direção não há voo. Não é falta de força — é ausência de foco. Sem enxergar a linha que guia, a fé se dispersa e o desejo de voar se fragmenta.

É quando a fé não encontra eco na mente. Quando os sonhos não têm base nos pensamentos. Quando a luta não encontra direção na consciência. É como tentar decolar sem velocidade: o esforço é real, mas a sustentação não acontece.

Milhões de pessoas vivem assim. Presas nesse campo encoberto pela névoa, entre o que desejam e o que acreditam ser possível. Não estão paradas por falta de talento, nem por falta de esforço. Estão paradas porque suas forças internas apontam em direções diferentes — e essa desarmonia não comunica ao Universo, com clareza suficiente, o que realmente desejam.

Mas há uma saída. Ela não está nas fórmulas prontas, nem nas promessas externas. Está no silêncio que antecede o voo. No instante em que você entende que não é a potência que falta, mas o alinhamento entre desejo, foco e fé.

O que falta não é mais esforço.

Alinhar é o nome da solução.

Quando coração, mente e fé se ajustam ao mesmo traçado, a dúvida se dissipa. E, com ela, o nevoeiro se desfaz. A visibilidade retorna, a confiança renasce — e o voo se torna inevitável.

Desejo é a força que impulsiona.

Foco é o leme que orienta.

Fé é a sustentação que mantém você no ar.

Quando esses três vetores se encontram, o invisível se transforma em impulso. E o que parecia impossível começa, enfim, a ganhar altitude.

Agora, respire. Revise seus instrumentos internos.

Alinhe seu coração com sua mente.

E prepare-se — porque o próximo capítulo não será mais sobre espera.

Será sobre voo.

Ponto Delta

Último ponto antes da decolagem

⬥✈ Empresarial-01:

Torre, na escuta? Empresarial-01.

🗼 Torre:

Positivo. Prossiga Empresarial-01

⬥✈ Empresarial-01:

Confirmo aproximação ao ponto Delta.

Durante o percurso entre Bravo e Charlie, tomei ciência dos ventos invisíveis que moldam o voo — aqueles que não se veem, mas que desviam, sustentam ou derrubam.

🗼 Torre:

Empresarial-01, recebido.

Reconhecer o invisível é sinal de maturidade de voo. Confirma que os instrumentos internos seguem estáveis?

⬥✈ Empresarial-01:

Afirmativo. Painel emocional em modo operacional. Consciência situacional calibrada. Pronto para checagem dos procedimentos estratégicos.

🗼 Torre:

Autorizado. Checagem no ponto Delta:

Revalidação da missão e tese do negócio

1. Alinhamento com sócios e equipe
2. Planejamento de rota (estratégia, escopo, recursos)
3. Monitoramento contínuo dos indicadores de empuxo, consumo, temperatura e vibração

✈ Empresarial-01:

Procedimentos em mãos para conhecimento.

🗼 Torre:

Empresarial-01, excelente.

Com os procedimentos estratégicos em mãos e os sistemas internos estabilizados, você está autorizado a seguir para o ponto Eco — posição de espera para ingresso na pista.

✈ Empresarial-01:

Entendido, Torre. Confirmo taxiamento rumo ao ponto Eco. Motores ajustados, equipe alinhada, plano de voo revisado. Pronto para aguardar liberação de pista e ativar protocolo de decolagem consciente.

🗼 Torre:

Empresarial-01, mantenha posição no ponto Eco. Checklist final será realizado antes da decolagem. Prepare-se para receber o crachá de Piloto Comercial dos Negócios. A partir do Ponto Eco e ingresso na pista, o voo será real — e o mercado será o céu.

✈ Empresarial-01:

Recebido. Mantendo posição. Pronto para assumir o comando com responsabilidade, visão e capacidade de navegação em qualquer condição.

ETAPA 2

Empresa - Piloto Comercial

Se você está prestes a iniciar um negócio com sócio, ou se já está em voo e sente a vibração da fuselagem, este é o momento de olhar para os motores. Não basta que ambos estejam ligados. É preciso que estejam **sincronizados, calibrados**, e **comprometidos com o mesmo destino**.

Empuxo assimétrico não leva ao destino — só ao desgaste. Sociedade desalinhada é como motor contrário: muito barulho, zero avanço. E quando o alinhamento emocional — confiança, respeito, comunicação — falha, não há indicador financeiro que compense.

A primeira parte deste livro tratou dos instrumentos de voo como reflexos da saúde emocional do empreendedor. Agora, ao encerrar esta seção, deixamos claro: **os motores da sociedade são os corações e mentes dos sócios.** Se eles não batem juntos, o voo não será seguro. E se você sente que está voando com assimetria, talvez seja hora de pousar, revisar, alinhar — ou mudar de aeronave.

Interpretando a cabine da sociedade — *oito elementos para manter o voo estável*

Assim como uma aeronave depende de sistemas bem calibrados para voar com segurança, uma sociedade empresarial exige alinhamento, clareza e disciplina. A seguir, sete elementos da aviação reinterpretados como guardrails práticos para sócios que desejam evitar turbulências:

1. Dois Motores

Na aviação, motores atuam com o mesmo propósito: gerar empuxo. Mas para que o voo seja estável, eles precisam estar sincronizados em potência e direção. Se um motor entrega mais ou menos força ou se estiver desalinhado, o rumo precisa ser corrigido constantemente. Isso consome energia, reduz eficiência e aumenta o desgaste da tripulação.

Na sociedade empresarial, é parecido. Sócios não precisam atuar na mesma função como os motores, mas cada um deve entregar contribuição equivalente em valor dentro da sua área de responsabilidade.

Assim como motores equilibrados mantêm o voo estável, sócios com entregas proporcionais — ainda que em frentes distintas — mantêm a empresa na rota. Quando as responsabilidades se sobrepõem ou ficam mal definidas, o resultado é semelhante ao de motores desbalanceados: a empresa gasta energia corrigindo o rumo em vez de avançar. Isso pode gerar:

- Desalinhamento de esforço: um sócio sobrecarregado enquanto o outro atua pouco naquela frente.
- Conflito de comando: decisões duplicadas ou contraditórias.
- Áreas descobertas: tarefas críticas sem responsável claro.

Guardrail prático:

Funções definidas por competência, não por ego.
Evite sobreposição e zonas cinzentas.
Documente as atribuições e revise-as periodicamente.

Checklist de alinhamento de funções:

- **Mapa de responsabilidades**: listar todas as áreas e atividades da empresa.
- **Atribuição por competência**: cada função vai para quem tem mais habilidade e experiência para executá-la.
- **Pontos de interseção claros**: quando duas áreas se tocam, *definir quem decide e quem apoia.*
- **Revisão periódica**: ajustar funções conforme a empresa cresce ou muda de rota.

"Motores desbalanceados exigem correções constantes. Sócios ou funções desalinhadas, também."

2. Empuxo Simétrico

Na aviação, empuxo simétrico significa que ambos os motores estão entregando potência igual.

Se um motor empurra mais que o outro, o avião tende a girar e sair da rota. Manter o empuxo equilibrado é essencial para um voo estável, seguro e eficiente.

Na sociedade empresarial, o empuxo simétrico é quando todos os sócios contribuem de forma equilibrada em resultado, esforço e postura. Se um entrega muito menos ou muito mais, o "avião" da empresa começa a puxar para um lado: surgem sobrecargas, desalinhamentos e desgaste físico e emocional. O equilíbrio não é só de esforço, mas também de resultado, consumo de recursos, capacidade e clima relacional.

Guardrail prático

O que deve estar no scorecard dos sócios:

- Empuxo (resultado): metas de área, entregas-chave, receita/margem.
- Consumo (caixa/tempo): horas de trabalho profundo, custo vs. retorno.
- Temperatura (estresse/capacidade): carga de 70–85% é saudável; acima disso, risco.
- Vibração (ruído relacional): fricções abertas, tempo para resolver, reincidência.

Checklist de Empuxo Simétrico

- Revisão mensal: olhar para os indicadores com calma, sem pressa, sem ruído.
- Revisão trimestral: recalibrar escopo, metas e apoio necessário.
- Revisão emergencial: quando há sinal vermelho — empuxo zero + vibração alta.

"Motores equilibrados mantêm o voo estável. Sócios equilibrados mantêm a empresa no rumo."

3. Medição de Estresse/Capacidade

- Defina a capacidade base

- **Horas semanais disponíveis para trabalho profundo** (excluindo reuniões, deslocamentos e pausas).

  Ex.: 40h semanais → capacidade base = 100%.

- Meça a carga real

- **Horas efetivas gastas** em tarefas críticas, reuniões e urgências.

  Fórmula simples:

  Carga (%) = (Horas gastas / Capacidade base) ×100

  Ex.: 34h de trabalho profundo em uma base de 40h = **85% de carga**.

- Aplique o termômetro de estresse

Além das horas, inclua **indicadores qualitativos**:

- **Autoavaliação semanal** (escala de 1 a 5) sobre:
  - Nível de energia
  - Qualidade do sono
  - Frequência de interrupções
  - Sensação de sobrecarga

- **Sinais objetivos**:
  - Aumento de erros
  - Prazos estourados
  - Conflitos ou irritabilidade

- Classifique a zona

- **Zona verde (70–85%)**:
  carga saudável, ritmo sustentável.

- **Zona amarela (86–100%)**:
  atenção — risco de queda de qualidade e aumento de estresse.

- **Zona vermelha (>100%)**:
  sobrecarga — exige redistribuição imediata de tarefas ou reforço de recursos.

- **Use o painel visual**
  - **Gráfico de velocímetro:**
    - Percentual de carga
    - Cor da zona (verde, amarela, vermelha)
    - Tendência (subindo, estável, caindo)

PROTOCOLO DE CORREÇÃO – *Quando o empuxo entre sócios está desequilibrado*

Detectar o desnível:
Comparar resultados, esforço, capacidade e clima relacional.
Recalibrar metas e recursos:
Redistribuir responsabilidades, ajustar prazos e apoio.
Monitorar e intervir:
Acompanhar mensalmente; se o desequilíbrio persistir, redefinir papéis ou acordos.

"Sem empuxo simétrico, o voo puxa para o lado — e a rota se perde."

Atenção: Scorecard não é para apontar falhas. É para garantir que os motores estão empurrando juntos.

4. Varredura de Instrumentos

Na aviação, pilotos conferem constantemente o painel de instrumentos.

Não é um gesto automático: é uma rotina crítica para garantir que altitude, velocidade, rumo e sistemas estão dentro dos parâmetros. Essa varredura contínua permite detectar desvios cedo, corrigir antes que se tornem perigosos e manter a consciência situacional — mesmo em condições adversas. Na sociedade empresarial, o painel é composto pelos indicadores-chave do negócio: vendas, caixa, produtividade, satisfação da equipe, andamento de projetos e riscos emergentes. Quando os sócios deixam de "varrer" esses instrumentos, a empresa passa a voar por instinto — e isso aumenta a chance de decisões reativas, atrasos e surpresas desagradáveis.

Guardrail prático:
Reuniões semanais (30–45 min) para operação e mensais (2h) para estratégia. Sem elas, o voo é por instinto.

Checklist de varredura

- Indicadores operacionais: produção, vendas, entregas, qualidade.
- Indicadores financeiros: fluxo de caixa, margens, inadimplência.
- Indicadores de equipe: clima, capacidade, rotatividade.
- Indicadores estratégicos: avanço de metas, riscos e oportunidades.

"Sem varredura de instrumentos, o piloto voa às cegas. A empresa também."

Diferença-chave:

- **Tópico 2 - Scorecard** é sobre **quem está entregando o quê**.
- **Tópico 3 - Varredura de instrumentos** é sobre **como a empresa está voando como um todo**.

Empuxo simétrico garante que os motores estão equilibrados. Varredura de instrumentos garante que o voo está na rota certa. Um cuida da força. O outro, da direção.

5. CRM de Cabine

Na aviação, CRM (Crew Resource Management) é o conjunto de práticas que garante que a comunicação entre pilotos e tripulação seja clara, direta e sem ruídos. Dentro da cabine, não há espaço para "telefone sem fio": cada informação é transmitida de forma objetiva, para a pessoa certa, no momento certo. Isso evita mal-entendidos e garante que todos estejam alinhados sobre a situação e as decisões.

Na sociedade empresarial, o mesmo princípio deve valer. "Sócios e líderes precisam falar" diretamente uns com os outros, sem triangulação, intermediários ou interpretações de terceiros. Quando a comunicação passa por filtros — "fulano disse que…", "meu cônjuge acha…" — o risco de distorção aumenta, a confiança diminui e as decisões perdem qualidade.

"Sócios e líderes precisam falar" — e falar não é gritar. É transmitir a mensagem de forma clara, objetiva e respeitosa, para que seja ouvida e, se necessário, debatida e compreendida, não imposta pelo volume.

Guardrail prático:
Regras de fala: direto ao ponto, sem intermediários, sem "fulano disse que…" ou "meu cônjuge acha…".

"Família não é conselho da empresa e fulano não é torre de controle para transmitir mensagens."

Checklist de comunicação direta

- Canal certo para a mensagem certa: assuntos estratégicos tratados entre sócios, não em corredores ou grupos paralelos.
- Falar com quem decide: evitar levar recados por terceiros.

- Registrar acordos: para que todos tenham a mesma referência.
- Feedback imediato: corrigir mal-entendidos na hora, não dias depois.

"Na cabine, a mensagem vai direto ao piloto. Na empresa, também deve ser assim."

PROTOCOLO DE CORREÇÃO - *Quando a comunicação está passando por intermediários*

Identificar a triangulação
Reconhecer quando a mensagem não veio direto da fonte.

Restabelecer o canal direto
Levar o assunto à pessoa certa, sem intermediários.

Estabelecer regra de comunicação
Definir que decisões e alinhamentos só valem quando tratados diretamente entre os envolvidos.

"Mensagem que muda de boca perde precisão. No voo e na empresa."

6. Cockpit Estéril

Na aviação, existe o conceito de cockpit estéril: durante fases críticas do voo — como decolagem, subida inicial, aproximação e pouso — não se fala de assuntos pessoais ou irrelevantes. O objetivo é eliminar qualquer distração que possa comprometer a atenção da tripulação e a segurança da operação. Nesses momentos, cada segundo de foco conta, e qualquer conversa paralela pode gerar um erro com consequências graves.

Na sociedade empresarial, o mesmo princípio se aplica. Há períodos e contextos que exigem foco absoluto: fechamento de uma venda, desenvolvimento de um projeto-chave, análise de dados críticos, reuniões de decisão estratégica. Interrupções emocionais, conversas paralelas ou assuntos alheios drenam energia, quebram a concentração e aumentam o risco de falhas.

Guardrail prático:

Definir horários sagrados de execução: blocos de tempo em que não se entra com demandas não urgentes, não se abre conversas pessoais e não se interrompe o fluxo de trabalho.

Checklist de cockpit estéril

- Identificar fases críticas: quais momentos do dia, semana ou mês exigem atenção total.

- Bloquear agenda: reservar esses períodos no calendário de todos os envolvidos.

- Silenciar distrações: celular, notificações, e-mails não urgentes.

- Comunicar a regra: todos sabem que, naquele período, só se fala do que é essencial para a tarefa.

"Em fase crítica, cada palavra conta.
No voo e na empresa."

PROTOCOLO DE CORREÇÃO - *Quando o foco é quebrado em momentos críticos*

Mapear interrupções
Identificar quais distrações e conversas paralelas estão ocorrendo nos períodos de execução.

Reforçar horários sagrados
Comunicar e registrar os blocos de foco absoluto, deixando claro o que pode e o que não pode ser tratado.

Intervenção imediata

Se alguém quebrar a regra, interromper a conversa e retomar o foco na tarefa crítica.

"Cockpit estéril salva voos. Foco absoluto salva entregas."

7. Checklist

Na aviação, antes de cada decolagem, há um ritual inegociável: **o checklist**.

Pilotos e tripulação passam por uma sequência de verificações — sistemas, instrumentos, combustível, portas, comunicações — para garantir que nada foi esquecido. Não importa a experiência do piloto ou quantas vezes ele já fez aquele voo: o checklist é seguido à risca, porque memória e confiança não substituem método.

Na sociedade empresarial, decisões importantes também precisam de método. Sem um processo claro, aumenta o risco de esquecer etapas críticas, tomar decisões baseadas em suposições ou deixar responsabilidades no ar. O checklist empresarial — ou SOP (*Standard Operating Procedure*) — garante que todos saibam quem decide, qual o prazo e qual o critério de qualidade antes de avançar.

Guardrail prático

SOPs claros para cada tipo de decisão:
- Quem decide: responsável final.
- Qual o prazo: data e hora limite.
- Qual o critério de qualidade: padrão mínimo aceitável.

Checklist de decisão
- Definir o objetivo: qual problema ou meta está sendo endereçado.

- Mapear responsáveis: quem executa, quem aprova, quem acompanha.
- Estabelecer prazos: início, marcos intermediários e entrega final.
- Definir critérios de qualidade: como saber se está "pronto" ou "bem-feito".
- Registrar e comunicar: todos os envolvidos têm acesso à decisão e ao plano.

"Checklist não é burocracia. É garantia de que nada importante ou crítico ficou para trás."

PROTOCOLO DE CORREÇÃO - *Quando decisões são tomadas sem método*

Diagnosticar falhas:
Identificar decisões recentes que geraram retrabalho ou problemas por falta de processo.

Implementar SOPs:
Criar checklists claros para cada tipo de decisão recorrente.

Auditar cumprimento:
Verificar periodicamente se os checklists estão sendo usados e atualizados.

"Decisão sem checklist é voo sem inspeção."

8. Alarme de Assimetria

Na aviação, qualquer assimetria de potência — quando um motor entrega mais ou menos que o outro — aciona um alarme no cockpit. Mesmo uma diferença pequena exige atenção imediata: sem potência equilibrada, o avião tende a sair do curso e, se não corrigido, pode entrar em situação crítica.

O alarme não é um incômodo: é um aviso de que algo precisa ser ajustado agora, já.

Na sociedade empresarial, o mesmo princípio vale.

Quando um sócio entrega menos que o combinado, o negócio sente: prazos estouram, a equipe se sobrecarrega, clientes percebem a queda na qualidade. Ignorar o sinal é como desligar o alarme do cockpit — o desvio inicial pode parecer pequeno, mas sem correção, vira queda.

Guardrail prático

- Feedback 1:1: conversa direta e construtiva ao primeiro sinal de entrega abaixo do esperado.

- Plano de ação 30–60–90 dias: metas claras e prazos definidos para nivelar a entrega.

- Ajuste de rota: revisões periódicas para corrigir desvios e garantir equilíbrio. Sem isso, o desvio vira queda.

Plano de Ação 30–60–90 – Correção de Assimetria

Diagnóstico e Alinhamento (0–30 dias)

Objetivo: entender a origem da assimetria e alinhar expectativas.

Ações:

- Reunião **1:1** para expor o desvio de forma objetiva e sem julgamento.

- Levantamento das causas: falta de recurso, habilidade, clareza ou comprometimento.

- Definição de metas iniciais e critérios de qualidade.

- Registro formal do acordo.

Indicadores de sucesso: clareza mútua sobre o problema e plano inicial aceito.

Execução e Ajuste (31–60 dias)

Objetivo: aplicar as ações corretivas e medir progresso.
Ações:

- Entregas parciais alinhadas às metas definidas.

- Reuniões semanais de acompanhamento.

- Ajustes rápidos se houver novos obstáculos.

- Apoio ou treinamento, se necessário. **Indicadores de sucesso:** evolução visível nas entregas e redução do impacto da assimetria.

Consolidação e Decisão (61–90 dias)

Objetivo: estabilizar o desempenho e decidir próximos passos.
Ações:

- Entregas consistentes no padrão acordado.

- Revisão final do plano com todos os envolvidos.

- Decisão: manter, redefinir responsabilidades ou reestruturar. **Indicadores de sucesso:** equilíbrio restabelecido e confiança mútua recuperada.

"O 30–60–90 não é só prazo — é o caminho para voltar à rota."

Checklist de Alarme de Assimetria

- Reconhecer rapidamente: não minimizar sinais de entrega desigual.

- Definir pontos de ajuste: metas objetivas e mensuráveis.

- Monitorar de perto: revisões frequentes para acompanhar evolução.

- Avaliar impacto: entender como a assimetria afeta o todo e agir para mitigar.

"Potência menor em um motor, desvio. Na empresa, problema."

PROTOCOLO DE CORREÇÃO - *Quando a entrega desigual não é resolvida*

Acionar o alarme:
Comunicar claramente o desequilíbrio e seu impacto no negócio.

Ajustar plano de ação:
Revisar metas e prazos, garantindo que a lacuna será fechada.

Persistir ou decidir:
Ao final do prazo, avaliar se houve correção. Se não, redefinir responsabilidades ou composição da equipe.

"Assimetria ignorada é queda anunciada."

Regras de ouro:

Decisão final pertence a quem responde pelo resultado daquela área.

Opinião é bem-vinda, veto precisa estar pré-definido.

Não esqueça: "Conflito não resolvido em 24–72h vira cultura."
Entenda o termo **Guardrail** como: **Parâmetro de voo prático** Limite ou procedimento que mantém a sociedade na rota segura, evitando que pequenas assimetrias se transformem em perda de controle.

Painel de instrumentos dos sócios

- Empuxo (resultado): metas de área, entregas-chave, receita/margem.

- Consumo (caixa/tempo): horas de trabalho profundo, custo vs. retorno.

- Temperatura (estresse/capacidade): carga de 70–85% é saudável; acima disso, risco.

- Vibração (ruído relacional): fricções abertas, tempo para resolver, reincidência.

Sinal amarelo: 2 ciclos com empuxo desigual e sem plano de correção.

Sinal vermelho: 1 ciclo com empuxo zero de um lado e aumento de vibração — acionar protocolo de contingência.

Acordo de Sócios Essencial – Nosso "Manual de Voo"

Na aviação, nenhum piloto assume a aeronave sem antes estudar o Manual de Voo da aeronave. Processo conhecido por *Ground School*. No Manual de Voo de cada aeronave estão definidos seus limites, procedimentos e o que fazer se algo sair do previsto. No negócio, o Acordo de Sócios cumpre o mesmo papel: é o manual que define a rota, o papel de cada um na cabine e como agir diante de turbulências.

Sem esse documento claro, a empresa voa por instinto — e, no primeiro imprevisto, a tripulação pode divergir sobre o que fazer. Com ele, todos sabem por que a empresa existe, quem decide o quê, como se remunera, como se resolve conflito e como se entra ou sai da sociedade.

Guardrail prático

O Acordo de Sócios deve contemplar, no mínimo:

a. Missão e tese do negócio – por que existimos e quais rotas não seguiremos?

b. Papéis, decisões e vetos – quem decide o quê; *one-way doors* exigem consenso, *two-way doors* podem ser decididas por quem lidera a área.

c. Remuneração – salário é pelo trabalho; dividendos são pelo capital. Não misture.

d. Auditoria e transparência – contas da empresa e pessoais nunca se misturam. Nem um centavo.

e. Conflitos – mediador externo pré-definido, prazos claros e degraus de escalada.

f. Entrada e saída – vesting, *buy-sell* com fórmula simples e eventos que disparam negociação.

g. Não-subsídio – novos negócios só com capital separado (*ring-fenced*) e equipe própria.

Checklist do Manual de Voo

- Documento escrito, assinado e revisado periodicamente.
- Linguagem clara, sem juridiquês desnecessário.
- Procedimentos para cenários críticos definidos.
- Critérios objetivos para decisões e vetos.
- Mecanismos de resolução de conflitos testados e acordados.

"O Manual de Voo existe para quando algo dá errado no ar. O acordo de sócios existe para quando algo dá errado no negócio."

PROTOCOLO DE CORREÇÃO - *Quando não existe ou está desatualizado*

Diagnosticar lacunas:
Listar pontos críticos não cobertos ou mal definidos no acordo atual.

Reescrever com clareza:
Atualizar o documento com base nas práticas e necessidades atuais da sociedade.

Validar e assinar

Todos os sócios revisam, aprovam e assinam a nova versão; definir data para próxima revisão.

"Sem manual, cada um pilota por instinto — e a rota se perde."

Desligar um motor é sabotar o próprio voo.

Você não sabe que turbulências vêm à frente nem que impulso vai precisar para vencê-las.

Desligue um motor e precisará muito mais do que sorte para atravessar e sair do outro lado ainda voando. O mais provável é que você vire notícia.

"Sócio bom é motor alinhado: ruído baixo, empuxo alto."

O Voo que Perdeu o Equilíbrio

Era fim de tarde em São Paulo, 17 de julho de 2007. O Airbus A320 da TAM, vindo de Porto Alegre, se aproximava do Aeroporto de Congonhas sob chuva fina. A pista estava molhada, o movimento intenso, mas nada que fugisse da rotina de um aeroporto que nunca dorme.

Na cabine, os pilotos configuravam a aeronave para o pouso. O avião tocou o asfalto da pista 35L, mas algo não estava certo. Em vez de desacelerar como esperado, a aeronave manteve velocidade. O que ninguém na cabine ou entre os passageiros percebia naquele instante era que os dois motores não estavam em sintonia:

- O **motor esquerdo** havia sido reduzido para *idle* (mínima potência).

- O **motor direito**, porém, permanecia em posição de aceleração (*climb*).

O resultado foi devastador: enquanto um motor tentava reduzir, o outro continuava empurrando o avião para frente. O empuxo assimétrico criou uma situação impossível de controlar em tão pouco espaço. Os freios e spoilers não foram suficientes.

A pista curta e sem ranhuras de drenagem (o chamado *grooving*) agravou a dificuldade. O Airbus atravessou o final da pista, cruzou a avenida Washington Luís e colidiu contra o prédio da TAM Express e um posto de combustível. Em segundos, a tragédia estava consumada.

O Relatório

O relatório final do CENIPA concluiu que não houve falha mecânica nos motores. O problema foi a **configuração incorreta dos manetes** no momento do pouso: um em desaceleração, outro em aceleração. Essa assimetria, somada à pista molhada e sem área de escape, tornou o acidente inevitável2.

A Lição

O voo TAM 3054 se tornou o maior acidente da aviação brasileira. Mais do que números, ele deixou uma lição clara:

"Quando os motores não trabalham em sintonia, o avião até avança, mas avança em conflito consigo mesmo. E nenhum voo sobrevive por muito tempo a comandos contraditórios."

Assim como no cockpit, onde cada motor precisa responder ao mesmo comando para que o voo seja estável, em uma sociedade empresarial cada sócio precisa alinhar esforço, visão e comunicação.

- **Empuxo assimétrico** entre sócios gera desgaste: um acelera, outro freia.

- A empresa até pode continuar rodando, mas gasta energia corrigindo desvios em vez de avançar.

- O resultado é sobrecarga, ruído relacional e, cedo ou tarde, perda de rumo.

Na prática: quando um sócio toma decisões estratégicas e o outro as desfaz nos bastidores; quando um investe energia em crescimento e o outro em contenção; ou ainda quando um desempenha mais e o outro menos, a empresa não sabe que comando obedecer. O resultado nunca é bom.

Assim como no cockpit, comandos contraditórios ou assimétricos confundem a aeronave. No negócio, eles confundem a equipe, desgastam recursos e corroem a confiança. O avião até pode continuar avançando, mas avança em conflito consigo mesmo — e nenhum voo sobrevive por muito tempo a essa tensão.

Arrogância, Orgulho e Vaidade

Capítulo Especial II

Ventos Cruzados que prejudicam o pouso

Três Forças que Desalinham um Negócio

Nem sempre é a mecânica que derruba um voo — ou o mercado que fragiliza um negócio.

Muitas vezes, o que coloca o voo em risco, nasce dentro da cabine: ventos cruzados que não deveriam estar lá e que confundem o comando. Eles não se escondem — sopram diante dos olhos. O perigo está em fingir que não existem.

Na aviação, investigações de acidentes revelam que, por trás de falhas técnicas, quase sempre há um fator humano decisivo. E, entre eles, três se repetem com frequência assustadora: **arrogância, orgulho e vaidade**.

Eles não fazem parte dos checklists, mas podem são tão ou mais perigosos que pane em um motor.

- **Arrogância** é o comandante que ignora instrumentos e vozes da equipe porque "já sabe o caminho".

- **Orgulho** é o piloto que não admite voltar para corrigir um problema, mesmo vendo o gelo se acumular nas asas. Humildade clareia o céu; orgulho fecha o tempo.

- **Vaidade** é o voo que se arrisca para impressionar a plateia, desviando o foco da segurança para o aplauso.

Esses três comportamentos não são exclusivos de cockpits. Eles se infiltram em micro, pequenas e médias empresas. E vão além: marcam presença em conselhos de administração, reuniões de equipe, startups e grandes corporações. Assim como na aviação, podem levar a "acidentes" corporativos — não contra uma montanha ou um rio congelado, mas contra a dura realidade do mercado.

Neste capítulo, vamos entrar no cockpit de três voos reais que terminaram em tragédia. Você verá diálogos captados pelas caixas-

-pretas, entenderá as decisões que levaram ao ponto de não retorno e verá como cada traço humano foi determinante para o desfecho. A cada história, traduziremos a lição para o mundo dos negócios, para que você reconheça esses sinais antes que seja tarde demais.

"O vento de fora desvia a proa. O vento de dentro derruba o voo."

Arrogância

O voo que ignorou o manual
Korean Air 801, Guam, 1997

A noite sobre Guam

Era 6 de agosto de 1997. A ilha de Guam, no Pacífico, estava coberta por nuvens baixas e chuva persistente. Passava da 1h30 da madrugada quando o Boeing 747-300 da Korean Air, voo 801, iniciou sua aproximação para a pista 6L.

Na cabine, o comandante Park, 42 anos, veterano com mais de 8.900 horas de voo, ocupava o assento da esquerda. Ao seu lado, o primeiro-oficial Song, e logo atrás, o engenheiro de voo Nam. O ambiente era de rotina: luzes suaves do painel, faróis refletindo nas gotas que escorriam pelo para-brisa, e a expectativa de mais um pouso em um aeroporto conhecido.

Mas havia um detalhe crítico: o glideslope — parte do sistema ILS que guia a descida — estava fora de serviço. Essa informação constava nos NOTAMs (avisos aos navegantes). O comandante, porém, acreditava que o sistema estava ativo. Essa confiança excessiva seria o primeiro elo da corrente fatal.

A descida
01h35 – O 747 inicia a descida.

Engenheiro de voo: "Capitão, esse sinal não é o glideslope."
Comandante: "Está tudo certo. Continuar descendo."
01h38 – O copiloto, olhando para fora, comenta:

FO: "Aeroporto não à vista."

CPT: "Vai aparecer."

01h40 – A aeronave passa a apenas 660 pés sobre o NIMITZ VOR, quando a altitude mínima segura era 1.440 pés.

O Ground Proximity Warning System (GPWS) dispara:
"Sink rate... pull up! Pull up!"

O comandante ignora o aviso. Sua voz, registrada no gravador de cabine, soa calma, quase confiante:
CPT: "Está tudo bem."

Não há urgência, não há correção. Apenas a convicção de que sua percepção era mais confiável que os instrumentos.

O impacto
Às 01h42, o Boeing corta a copa das árvores e explode contra Nimitz Hill, a apenas 3 milhas da pista. O impacto é devastador: 229 mortos, apenas 26 sobreviventes. O fogo ilumina a encosta, enquanto a chuva pesada apaga lentamente as chamas menores. Equipes de resgate lutam contra o terreno íngreme e enlameado.

A investigação

O NTSB enviou equipes imediatamente. As caixas-pretas revelaram que:

- O comandante confiou em um sistema inoperante.

- A tripulação hesitou em desafiá-lo, reflexo de uma cultura hierárquica rígida.

- Não houve briefing adequado para a aproximação sem glideslope.

- O GPWS foi ignorado até o último segundo.

O relatório final apontou **erro do piloto** como causa provável, agravado por falhas de CRM (Crew Resource Management) — a comunicação dentro da cabine.

O paralelo com os negócios

A arrogância no cockpit é a mesma que pode surgir na liderança empresarial:

- Ignorar dados e sinais de alerta.

- Desprezar a contribuição da equipe.

- Confiar apenas na própria percepção, mesmo diante de evidências contrárias.

No mundo corporativo, isso leva a decisões unilaterais, perda de talentos e, muitas vezes, ao "impacto" inevitável — não contra uma montanha, mas contra a realidade do mercado.

"Arrogância é voar acreditando que conhece o caminho mais do que todos — e ignorar os instrumentos e alertas."

143

Vaidade

O voo para impressionar
Sukhoi Superjet 100, Indonésia, 2012

O cenário

9 de maio de 2012. O Aeroporto Halim Perdanakusuma, em Jacarta, fervilhava com jornalistas, executivos e potenciais clientes. O Sukhoi Superjet 100, orgulho da indústria aeronáutica russa, estava em turnê pela Ásia para conquistar mercado.

Na cabine, o comandante Alexander Yablontsev, 57 anos, ex--piloto de testes, com mais de 10.000 horas de voo. Ao lado, o copiloto Alexander Kochetkov. O clima não era de operação comercial, mas de demonstração — e isso faria toda a diferença.

O objetivo era claro: impressionar. Mostrar manobrabilidade, conforto e segurança. Mas, como tantas vezes na aviação e nos negócios, a pressão para brilhar pode ofuscar a prudência.

A rota para o desastre

14h26 – O radar meteorológico mostra um eco sólido à frente. O TAWS (Terrain Awareness and Warning System) dispara:

"Terrain ahead, pull up! Pull up!"

CPT: "É só uma nuvem. Continuar."

14h27 – O TAWS é silenciado manualmente. A tripulação conversa com convidados na cabine, explicando recursos da aeronave. O foco se divide entre pilotar e socializar.

14h28 – A aeronave voa a 480 km/h, nivelada a 6.000 pés — altitude segura apenas sobre terreno plano. Mas o Monte Salak, com 2.211 metros, ergue-se à frente, oculto pelas nuvens.

14h29 – O GPWS volta a alertar.

FO (copiloto): "Quer subir um pouco?"
CPT: "Não é necessário."

Segundos depois, o impacto contra a encosta é inevitável. O silêncio do CVR é abrupto.

O impacto

A aeronave se despedaça na montanha. Não há sobreviventes.

O local é de difícil acesso, e equipes de resgate levam horas para chegar. A cena é de destroços espalhados por uma encosta íngreme, misturados à vegetação tropical.

A investigação

O relatório final do NTSC (Comitê Nacional de Segurança no Transporte da Indonésia) apontou:

- A tripulação ignorou múltiplos alertas do TAWS.
- Houve perda de consciência situacional devido à interação com passageiros.
- A pressão para impressionar clientes influenciou decisões.
- Falha em manter altitude segura em área montanhosa.

O paralelo com os negócios

A vaidade no cockpit é a mesma que pode surgir em qualquer liderança: a busca por reconhecimento, por aplauso, por provar algo diante da plateia.

No mundo corporativo, isso se traduz em:

- Priorizar "projetos vitrine" em detrimento de iniciativas estratégicas.

- Ignorar riscos para obter aplausos imediatos.
- Desviar recursos para impressionar, não para entregar valor real.

"Quando o aplauso vale mais que a rota, o voo termina na montanha."

Orgulho

O voo que não quis voltar

Air Florida 90, Washington, 1982

O cenário

13 de janeiro de 1982. Washington, D.C. estava paralisada por uma nevasca histórica. O Aeroporto Nacional de Washington (hoje Ronald Reagan) operava sob condições severas: neve intensa, temperaturas negativas e pistas cobertas de gelo.

O voo **Air Florida 90**, um Boeing 737-200, estava programado para Miami. Na cabine, o comandante Larry Wheaton, 34 anos, e o primeiro-oficial Roger Pettit, 31. Ambos sabiam que as condições eram críticas, mas a pressão para decolar era enorme: atrasos se acumulavam, passageiros estavam impacientes e a companhia aérea enfrentava dificuldades financeiras.

A rota para o desastre
15h30
O avião é descongelado, mas permanece na fila por mais de 45 minutos, exposto novamente à neve. O gelo volta a se acumular nas asas.

15h50
O comandante decide taxiar atrás de outro avião, acreditando que o calor dos gases de escape ajudaria a derreter o gelo. Uma prática arriscada e não recomendada.

146

15h57

Durante a corrida de decolagem, os instrumentos mostram valores anormais de potência. O copiloto comenta:

FO: "Esses indicadores não parecem certos." (FO – First Official – Primeiro Oficial – Copiloto)

CPT: "Está tudo bem, vamos continuar."

15h59 – O Boeing levanta voo, mas imediatamente perde sustentação. O gelo acumulado nas asas impede a performance. A aeronave sobe apenas alguns metros, balança, e cai sobre a ponte 14th Street, atingindo veículos antes de despencar no rio Potomac congelado.

O impacto

Das 79 pessoas a bordo, apenas 5 sobrevivem. Quatro motoristas na ponte também perdem a vida. As imagens do resgate, com passageiros agarrados aos destroços no rio gelado, chocaram o mundo.

A investigação

O relatório do **NTSB** concluiu que:

- A tripulação não voltou para novo procedimento de descongelamento.
- Houve falha em reconhecer e reagir aos sinais de gelo nas asas.
- O comandante insistiu em decolar, mesmo diante das dúvidas do copiloto.
- O orgulho em "seguir adiante" pesou mais que a prudência de abortar.

O paralelo com os negócios

O **orgulho** no cockpit é o mesmo que pode surgir em qualquer liderança: a incapacidade de admitir que é preciso parar, corrigir ou voltar atrás.

No mundo corporativo, isso se traduz em:
- Insistir em projetos inviáveis, mesmo diante de sinais claros de falha.
- Recusar-se a ouvir alertas da equipe ou de conselheiros.
- Confundir **persistência saudável** com **teimosia destrutiva.**

"Humildade clareia o céu. Orgulho fecha o tempo."

Briefing Final de Cabine – Três Forças que desalinham

Na aviação, cada acidente deixa marcas profundas. Mas, quando olhamos além da fumaça e dos destroços, percebemos que muitos deles nasceram não de falhas técnicas, mas de falhas humanas.

Arrogância foi o comandante que ignorou instrumentos e vozes da equipe no voo da Korean Air 801. Ele acreditava mais em si mesmo do que nos dados à sua frente — e a montanha não perdoou.

Orgulho foi o que manteve a tripulação da Air Florida 90 na rota da decolagem, mesmo com gelo nas asas e alertas claros de risco. Voltar ao pátio teria sido humildade; insistir custou vidas.

Vaidade foi o que levou o Sukhoi Superjet 100 a voar baixo demais diante de clientes e jornalistas. O desejo de impressionar falou mais alto que os alarmes — e a montanha foi o aplauso final.

Arrogância, orgulho e vaidade não estão nos céus: estão dentro de cada pessoa.

No mundo dos negócios, elas se manifestam quando:

• Líderes ignoram dados e conselhos porque "já sabem o caminho".

• Sócios insistem em projetos inviáveis, incapazes de admitir um recuo.

• Empresas desviam recursos para impressionar plateias, em vez de entregar valor real.

Assim como na aviação, o resultado é sempre o mesmo: perda de rumo, desgaste da tripulação e, cedo ou tarde, impacto inevitável.

"A humildade abre portas — e o céu. O orgulho fecha. A arrogância e a vaidade ignoram procedimentos e instrumentos. E nenhum voo se sustenta quando do piloto emanam microbursts internos — rajadas que destroem a própria estabilidade."

CRM

Comunicação que Mantém o Voo no Rumo

Na aviação, depois de cada tragédia, uma pergunta sempre ecoa:

Como evitar que isso aconteça de novo?

A resposta, muitas vezes, não está em novos motores ou radares mais potentes, mas em algo mais simples e profundo: a forma como as pessoas se comunicam, **decidem e trabalham juntas dentro da cabine.**

Foi dessa necessidade que nasceu o **CRM – Crew Resource Management**, um dos maiores avanços em segurança da aviação moderna. Mais do que um treinamento, o CRM é uma filosofia: reconhecer que o erro humano é inevitável, mas que pode ser prevenido e corrigido quando há comunicação clara, liderança equilibrada e colaboração genuína.

CRM – Crew Resource Management

Na aviação moderna, um dos maiores avanços em segurança não veio de um novo motor ou de um radar mais potente, mas de um conceito: **CRM – Crew Resource Management**. Traduzido como Gerenciamento de Recursos da Tripulação, o CRM é um conjunto de princípios e práticas de treinamento criado para reduzir o erro humano e melhorar a segurança e a eficiência, usando de forma otimizada todos os recursos disponíveis — pessoas, equipamentos e informações.

O CRM nasceu no final dos anos 1970, depois que investigações de acidentes revelaram que, em muitos casos, a causa não era falha mecânica, mas falhas de comunicação, liderança e tomada de decisão dentro do cockpit. Hoje, ele é aplicado não só na aviação, mas também em áreas como medicina, energia e operações militares — qualquer ambiente onde o erro humano possa ter consequências graves.

Endereços do CRM

1. Erro Humano

O CRM parte do reconhecimento de que o erro humano é inevitável. O objetivo não é eliminar o erro, mas criar barreiras e estratégias para detectá-lo e corrigi-lo antes que se torne irreversível. Isso inclui checklists, cruzamento de informações entre tripulantes e incentivo para que qualquer membro da equipe possa alertar sobre um risco, independentemente da hierarquia.

2. Dinâmica Interpessoal

A forma como as pessoas interagem sob pressão é decisiva. O CRM treina comunicação clara, assertiva e respeitosa, para que informações críticas circulem sem ruídos e decisões sejam tomadas com base no melhor dado disponível, não no ego ou na posição hierárquica.

3. Habilidades Cognitivas

Manter consciência situacional — saber exatamente onde está, o que está acontecendo e o que pode acontecer a seguir — é central. O CRM desenvolve a capacidade de tomar decisões rápidas e fundamentadas, mesmo em cenários dinâmicos e de alta carga mental.

4. Abordagem Sistêmica

O CRM vê a operação como um todo: tripulação, aeronave, procedimentos, ambiente e fatores externos. A segurança depende de como todos esses elementos interagem. Um bom CRM garante que cada parte do sistema esteja alinhada e que falhas em um ponto sejam compensadas por outros.

Principais competências treinadas no CRM

- **Comunicação:** clara, objetiva e no tempo certo.

- **Trabalho em equipe:** colaboração genuína, apoio mútuo e foco no objetivo comum.

- **Consciência situacional:** leitura contínua do cenário e antecipação de riscos.

- **Tomada de decisão:** julgamentos sólidos baseados em dados e experiência.

- **Liderança:** coordenar e inspirar a equipe, mantendo a segurança como prioridade.

- **Assertividade:** coragem para falar e agir quando algo não parece certo, mesmo sendo o membro mais júnior.

Os três comportamentos que exploramos — **Arrogância, Orgulho e Vaidade** — são justamente o oposto do que o CRM promove. Enquanto eles fecham canais de comunicação e distorcem a percepção, o CRM abre espaço para diálogo, fortalece a colaboração e mantém todos focados na missão: chegar ao destino com segurança.

O que Mantém o Voo no Rumo

Ao revisitar cada um desses voos — o 747 que confiou demais na própria experiência, o 737 que decolou com gelo nas asas e o jato executivo que voou para a plateia — percebemos que a tragédia não começou no momento do impacto. Ela começou muito antes, no instante em que comportamentos perigosos se instalaram na cabine e não foram corrigidos.

Arrogância, Orgulho e Vaidade não aparecem nos manuais de manutenção, mas são falhas tão críticas quanto um motor avariado. Elas distorcem a percepção, silenciam vozes importantes e desviam a rota sem que se perceba — até que seja tarde demais.

Nos negócios, o paralelo é direto. Empresas não quebram apenas por falta de clientes ou por crises externas. Muitas vezes, elas colapsam porque, dentro da "cabine de comando", alguém deixou de ouvir, de aprender ou de priorizar o que realmente importa. E, assim como na aviação, a prevenção está menos em reagir a emergências e mais em cultivar, todos os dias, uma cultura de escuta ativa, humildade e foco no propósito.

O que mantém um voo no rumo não é apenas a potência dos motores ou a precisão dos instrumentos — é a capacidade da tripulação de trabalhar como um só, reconhecendo que ninguém, por mais experiente que seja, enxerga tudo sozinho.

"Na cabine ou na empresa, o maior ato de liderança é manter o ego no chão para que todos possam voar mais alto."

153

Comunicação: clara, objetiva e no tempo certo

Comunicar não é apenas falar — é garantir que a mensagem foi **recebida e compreendida**. Pessoas com raciocínio rápido ou domínio profundo de um assunto podem, sem perceber, avançar no diálogo assumindo que todos acompanham no mesmo ritmo. Isso cria um risco: o que era para ser entendido pode não ser, e o silêncio do outro lado pode ser interpretado como concordância ou até gerar atritos, quando alguém acredita que "o outro tinha obrigação de entender".

Eu, por exemplo, tenho um raciocínio rápido. As coisas se organizam na minha cabeça como se fosse um mapa iluminado. Só que, quando tento transmitir isso para a equipe, às vezes parece que estou falando em klingon ou em alguma língua alienígena. O ponto é simples: está claro para mim, mas não necessariamente para os outros. E aí entra o desafio: ser aquele cara que explica tim-tim por tim-tim, e depois ainda volta para detalhar o detalhe. Se não for assim, fico com a sensação de que passei a mensagem... só que não.

Como evitar esse ruído:

1. **Confirme entendimento** – Use perguntas de checagem como: "Faz sentido para você?" ou "Quer que eu detalhe essa parte?".
2. **Adapte o ritmo** – Observe sinais de que o outro está processando a informação e ajuste a velocidade ou a forma de explicar.
3. **Evite jargões desnecessários** – Termos técnicos ou internos podem confundir quem não está no mesmo contexto.
4. **Use exemplos e analogias** – Eles ajudam a transformar conceitos abstratos em imagens claras.
5. **Pratique a escuta ativa** – Dê espaço para que o outro repita com suas palavras o que entendeu.
6. **Não presuma** – No CRM, a clareza é responsabilidade de quem transmite, não de quem recebe.

"Na cabine ou na empresa, a comunicação correta é o que mantém todos na mesma frequência. Mas, antes de alinhar para a decolagem, existe ainda um último passo: confirmar se há condições reais de voar. É hora do checklist de viabilidade."

Checklist de Viabilidade – O Último Olhar Antes da Pista

Antes de um comandante alinhar sua aeronave para decolagem, existe um momento silencioso, mas decisivo: a checagem final. É quando ele olha para cada instrumento, confirma cada leitura e se pergunta: ***"Tenho condições reais de voar com segurança?"***

No mundo dos negócios, essa pergunta se traduz em: **"Minha empresa é viável?"**

E ela vale tanto para quem já está no ar quanto para quem ainda está no pátio, pronto para iniciar o taxiamento.

Para quem já está voando

Se a sua empresa está endividada, consumindo energia física e emocional, e mesmo assim as dívidas aumentam, você pode estar em um voo sem combustível suficiente para chegar ao destino. Na aviação, insistir nesse cenário é arriscar um pouso forçado. No empreendedorismo, é prolongar um ciclo que drena recursos e esperança.

Para quem está no pátio

Antes de acelerar, faça seu checklist:

- Produto/Serviço: é bom e bem aceito pelo mercado?
- Lucratividade real: a margem é saudável e comprovada, não apenas estimada?
- Clientes: há demanda consistente e de qualidade?
- Recursos: você tem capital, tempo e energia para sustentar a operação até atingir estabilidade?

Se qualquer resposta for "não", é como tentar decolar com peso acima do limite — o risco de não ganhar altitude é enorme.

Sinais de alerta

- Endividamento crescente sem perspectiva real de reversão.
- Desgaste físico e emocional contínuo.
- Dependência de um único cliente ou fornecedor crítico.
- Mercado saturado ou em declínio, sem diferenciação clara.
- Falta de clareza estratégica sobre destino e rota.

Caia na real

Se o avião não voa, não insista

Se Não Sobe, É Porque Algo Pesa

Não minta para si mesmo.

Se o negócio não tem bons clientes, produto de alto valor e margem saudável, cada dia insistindo é um dia perdido que poderia ser investido em uma nova rota.

Para sair do sufoco não dependemos das condições, mas das decisões.

Se for preciso abortar a decolagem

Na aviação, abortar é um ato de segurança, não de fracasso. Nos negócios, parar para replanejar pode salvar sua carreira empreendedora. Se decidir encerrar, comunique seus credores, assuma o compromisso de pagar cada centavo e preserve seu crédito pessoal — ele é o seu **"certificado de aeronavegabilidade"** para recomeçar.

É verdade que muitos credores podem não aceitar essa comunicação e optar por medidas judiciais, como protestos ou ações de cobrança. Mas, como na aviação, *ninguém pode pousar onde não há pista*: não se tira de onde não existe. Por isso, deixe claro ao credor que o seu desejo é liquidar o compromisso o mais rápido possível e que, se obstáculos forem colocados no caminho, a tarefa apenas se tornará mais demorada.

Reforce que, mesmo diante de dificuldades, o seu objetivo real é não faltar com a sua palavra.

E um alerta importante: não é coerente chegar para negociar uma dívida de 180 mil dirigindo um automóvel que vale 200 mil. Isso mina a credibilidade e a confiança. Mais vale se desfazer dos anéis e manter os dedos — preservar o essencial para poder voltar a voar.

Reconquistando confiança

Quando voltar a operar, honre cada compromisso, mesmo que pouco a pouco.
Depois de alguns pagamentos, a narrativa muda:

"Achei que ele nunca mais fosse me pagar, mas voltou e honrou cada centavo."

"Na aviação e nos negócios, não é o desejo de voar que mantém você no ar — é a viabilidade da aeronave e a clareza da rota."

Evite a pane emocional

Depressão e derrotismo são como gelo nas asas: tiram sustentação e aumentam o risco de queda. Canalize sua energia para replanejar, não para lamentar. Nunca abandone a leitura de seus instrumentos pessoais.

Crédito e Credibilidade

Crédito é quando alguém sabe — por experiência própria ou por referências — que pode confiar em você. É como um histórico de voo impecável: você decola, cumpre o plano e pousa no horário combinado. Quem toma dinheiro ou um recurso emprestado e devolve no prazo estipulado conquista crédito. Passa a ser visto como alguém confiável para futuras "operações".

Credibilidade, porém, vai além. Você a conquista quando supera as expectativas, entregando mais do que foi combinado. É como um comandante que, além de pousar com segurança, ainda garante uma experiência de voo memorável para a tripulação e passageiros. Surpreender positivamente — seja com um favor, atendendo um pedido extra, ou trazendo uma informação que a pessoa nem pediu, mas precisava — coloca você um degrau acima de quem apenas cumpre o básico.

O oposto disso é **debilidade**. Quem está em debilidade é instável, como uma aeronave com manutenção negligenciada. Fique longe de estar nessa condição e também de quem vive nela: pessoas que prometem e não cumprem, funcionários que sempre dizem que vão melhorar e voltam a decepcionar, por exemplo.

E, por fim, um lembrete essencial: **não fuja**.

Atenda, retorne, encare, seja franco e honesto ao falar. Afinal, ninguém pode tirar de você aquilo que você não tem — mas podem tirar sua credibilidade se você não cuidar dela.

**"Crédito libera a pista.
Credibilidade mantém você no ar."**

Planejamento

O plano de voo empresarial

Antes de falar de Planejamento, preciso confessar: sou avesso à burocracia. E, sim, o planejamento muitas vezes é visto como parte dessa burocracia. Mas aqui está a verdade: ele é essencial.

A diferença é que não precisa ser chato, pesado ou complicado. Planejamento pode ser simples, direto e até inspirador, como um checklist de voo.

Assim como um plano de voo registra rota, alternados e combustível, o planejamento empresarial organiza metas, recursos e estratégias para que a jornada seja segura e eficiente.

"Vamos lá: Hora de abastecer a aeronave — o planejamento. Embora só apareça agora, ele é a primeira etapa de preparação. Sem combustível mental e estratégico, não há voo. Só depois de planejar é possível taxiar, alinhar na cabeceira e decolar com segurança."

Planejamento sem Burocracia

"Muita gente torce o nariz quando ouve a palavra *planejamento*. A imagem que vem à mente é de reuniões intermináveis, planilhas complicadas e documentos que ninguém lê. Resultado: o empresário até começa, mas logo abandona.

Mas o planejamento não precisa ser burocrático, chato ou pesado. Ele pode ser simples, direto e funcional — como um plano de voo. Um piloto não perde horas em relatórios: ele preenche formulários rápidos, confere instrumentos e segue em frente. Tudo prático, objetivo e essencial para chegar ao destino com segurança.

Da mesma forma, o empresário precisa de um painel de bordo simples: cinco pontos claros, que resumem tudo o que deve ser feito. Não é sobre complicar. É sobre dar clareza, foco e direção.

Planejar não é perder tempo. É ganhar velocidade, reduzir turbulências e aumentar as chances de pousar exatamente onde você queria."

Os 5 Níveis de Planejamento como um Plano de Voo Empresarial

1. Diretriz Estratégica → O Destino Final do Voo

- Na aviação: É a definição do aeroporto de destino e a razão do voo.
- Nos negócios: É a visão de longo prazo e os objetivos principais da empresa.
- Pergunta-chave: *Para onde queremos voar?*

2. Plano Estratégico → O Plano de Rota (Flight Plan)

- Na aviação: É o plano de voo registrado, com rotas, altitudes e alternados.
- Nos negócios: São as metas anuais e os grandes marcos que guiam a organização.
- Pergunta-chave: *Qual rota vamos seguir para chegar ao destino?*

3. Planos Táticos → As Pernas do Voo (Trechos e Sprints)

- Na aviação: Cada perna da rota (waypoints, fixes, setores de controle) que precisa ser cumprida.
- Nos negócios: São os projetos, sprints ou ciclos de médio prazo que desdobram o plano estratégico.
- Pergunta-chave: *Quais trechos precisamos cumprir para manter o rumo?*

4. **Planos Operacionais** → O Checklist de Cabine

- Na aviação: São as ações específicas de cada fase (checklist de decolagem, subida, cruzeiro, descida, pouso).
- Nos negócios: São as atividades e tarefas específicas dentro de cada projeto ou sprint.
- Pergunta-chave: *O que precisa ser feito agora para garantir a próxima fase?*

5. **Plano do Dia a Dia** → O Controle de Voo em Tempo Real

- Na aviação: É o ajuste fino feito pelo piloto a cada minuto — corrigir proa, potência, altitude.
- Nos negócios: É o trabalho diário de cada pessoa ou equipe, garantindo que as pequenas ações mantenham a empresa na rota.
- Pergunta-chave: *O que eu preciso fazer hoje para manter o voo seguro e no rumo?*

- Destino (Diretriz Estratégica) → Visão de futuro.
- Rota (Plano Estratégico) → Metas anuais.
- Pernas do voo (Planos Táticos) → Projetos e sprints.
- Checklist (Planos Operacionais) → Tarefas específicas.
- Ajustes em voo (Plano do Dia a Dia) → Execução diária.

"Uma empresa sem plano de voo é como uma aeronave sem destino: pode até decolar, mas não sabe onde vai pousar."

Painel de Voo do Planejamento Empresarial

Essa tela dá ao piloto informações sobre o Rumo, acrescidas de outras

GS404 – Ground Speed (Velocidade sobre o solo) – 404 kt

TAS439 – True Air Speed (Velocidade verdadeira) – 439 kt

A proa da aeronave é de 234º e a velocidade do vento 50 nós.

TRK (Track) – Rumo: 282 graus magnéticos.

GOVIT: Identificador de um waypoint.

2052.9z – Hora estimada de chegada em GOVIT que está distante 66.6 milhas náuticas

CYOK: Outro waypoint

ARPT, STA, TFC: Indicam informações sobre aeroportos, status e tráfego.

A tela ainda mostra área de precipitação (chuva) de intensidade variada, indicada pelas cores amarela, laranja e vermelha.

RNP 2.00 e ANP 0.05: *Required Navigation Performance, e Actual Navigation Performance, são medidas que indicam a precisão de navegação da aeronave. 0.0: Indica o desvio lateral da rota, nesse caso, ZERO.*

Aqui temos as informações de Navegação

Diretriz Estratégica → Destino Final: define para onde a empresa quer voar.

- Plano Estratégico → Rota: estabelece o caminho principal e os alternativos.

- Planos Táticos → Pernas do Voo: cada sprint ou projeto é um trecho da jornada.

- Planos Operacionais → Checklist: garante que nada essencial seja esquecido.

- Plano do Dia a Dia → Ajustes em Voo: pequenas correções que mantêm o rumo.

Formulários do Plano de Voo Empresarial

1. Diretriz Estratégica – O Destino Final

Objetivo: Definir visão e propósito de longo prazo. Formulário:

- Nosso destino (visão): _____

- Objetivos principais (3 a 5): _____

- Valores inegociáveis: _____

Formato: 1 página, simples, para ser revisitada anualmente.

2. Plano Estratégico – A Rota

Objetivo: Estabelecer metas anuais.
Formulário:

- Meta 1 (mensurável): _____
- Meta 2: _____
- Meta 3: _____
- Recursos necessários: _____
- Alternativas (planos B): _____

Formato: 1 página, revisado a cada 12 meses.

3. Planos Táticos – As Pernas do Voo

Objetivo: Definir metas de médio prazo (sprints/projetos).
Formulário:

- Projeto/Sprint: _____
- Meta do período: _____
- Responsável: _____
- Prazo: _____
- Indicador de sucesso: _____

Formato: meia página por projeto, revisado a cada sprint (mensal ou trimestral).

4. Planos Operacionais – O Checklist de Cabine
Objetivo: Garantir execução das tarefas.
Formulário:

- Tarefa: _____
- Responsável: _____
- Prazo: _____
- Status: [ ] Não iniciado [ ] Em andamento [ ] Concluído

Formato: checklist semanal, simples de marcar.

5. Plano do Dia a Dia – Ajustes em Voo
Objetivo: Foco no que precisa ser feito hoje.
Formulário:

- Minhas 3 prioridades do dia:

     1.

     2.

     3.

- Obstáculos previstos: _____
- Ajustes necessários: _____

Formato: meia página, preenchido em 5 minutos no início do dia.

RESUMO:

- Diretriz Estratégica → 1 página (anual).
- Plano Estratégico → 1 página (anual).
- Planos Táticos → meia página por sprint/projeto.
- Planos Operacionais → checklist semanal.
- Plano do Dia a Dia → 3 prioridades diárias.

"Planejamento não precisa ser burocrático. Precisa ser prático, como um checklist de voo: rápido de preencher, fácil de revisar e impossível de esquecer."

Infelizmente, a maioria das pessoas que entra no mundo dos negócios o faz com um único pensamento:

"Estou ansioso para ver tudo funcionando."

Seja vendendo produtos ou serviços, todos querem ver clientes comprando.
O problema é que muitos ignoram por completo que, antes de qualquer venda, é preciso ter um plano — e segui-lo — com metas claras, atingidas uma a uma.
Não dá para iniciar ou corrigir um negócio apenas imaginando: *"Pronto, levantei voo."*
Na aviação, decolar sem plano de voo e sem monitorar instrumentos é pedir para se perder no ar.
No mundo empresarial, é exatamente igual.

Os números não mentem

Estudos mostram que 60% das empresas criadas no Brasil não sobrevivem cinco anos.

A falta de planejamento é apontada como uma das principais causas.

Na aviação, narramos anteriormente o caso do voo da Varig que caiu por falta de combustível após registrar no plano a rota 027 e voar para 270. O erro não foi corrigido a tempo — e o resultado foi catastrófico.

A diferença entre céu e chão

Enquanto no mundo empresarial 6 em cada 10 empresas fecham, na aviação ocorre um acidente a cada 880 mil voos — e a tendência é que essa proporção fique ainda mais segura.

Por quê?

Porque para cada voo existem dezenas de procedimentos obrigatórios, do pushback – momento em que aquele tratorzinho empurra a aeronave para tras - ao pouso.

Uma aeronave pode realizar no Brasil até seis voos regionais em um único dia.

Cada voo é um objetivo.

Cada objetivo é cumprido seguindo rigorosamente o checklist.

A lição

Negócios que adotam essa mentalidade — um objetivo por vez, um voo por vez, todos seguindo procedimentos claros — têm muito mais chances de chegar ao destino com segurança e sucesso.

"Na aviação e nos negócios, o sucesso não vem de voar rápido, mas de voar certo."

Planejamento de Missão

O Plano de Voo

Antes de qualquer voo, o comandante precisa estudar a rota, abastecer a aeronave e alinhar a tripulação. Na vida e nos negócios, não é diferente.

Planejar é mais do que prever: é preparar.
Sem planejamento, nada acontece.
Ou melhor — até acontece... mas raramente como deveria, e quase nunca na velocidade que poderia.

Alguns dizem: "Planejamento é coisa de empresa grande."

Na aviação, isso seria como afirmar que só aviões comerciais precisam de plano de voo.

A verdade é que, sem planejamento, você não chega a lugar nenhum — ou pior, chega em um lugar que não queria.

Muitos empreendedores alegam:

"Não tenho tempo para planejar, preciso resolver os problemas agora."

Pois é... e aí somam mais problemas aos que já têm.

Se você quer começar a resolver os problemas da sua empresa amanhã, comece hoje pelo planejamento.

Comece fazendo um plano de voo. E não precisa ser burocrático, chato ou pesado.
Ele pode ser simples, direto e funcional.

O FMC e o Planejamento Estratégico

Na imagem vemos a tela do FMC — o Flight Management Computer.

No topo, a sigla FPLN indica que estamos na página 1/4, ou seja, na primeira de quatro páginas do Plano de Voo.

Ali estão os waypoints (pontos de navegação), a hora estimada para sobrevoá-los (ETA), a velocidade prevista (SPD) e a altitude ideal (ALT).

Cada linha representa uma meta clara, com tempo definido e parâmetros de execução.

O primeiro waypoint é TFN/10:

- Hora prevista: 15h16

- Velocidade: 177 KT

- Altitude: 5.222 pés

- Distância até lá: 3.0 NM

- Rumo: 269°, via ARAC1J

Esses dados não são decorativos — são decisivos. Eles mostram que o plano está em curso, e que o tempo não para. Faltam apenas 3 milhas náuticas para o primeiro ponto.

Se o piloto não estiver atento, perde o momento, compromete a sequência e desvia da rota.

Planejamento não é de cabeça

Assim como um piloto não guarda o plano de voo só na memória, você também não pode confiar apenas na sua cabeça. Planejar é projetar um destino desejado e definir a rota, os pontos de navegação e os recursos para chegar lá.

É um processo de decisões interligadas — e uma decisão errada pode comprometer todo o voo. O FMC não improvisa: ele calcula, ajusta e orienta.

Seu planejamento também precisa ser assim: vivo, claro e funcional.

Otimismo e pessimismo na cabine.

Nas três páginas seguintes do Plano de Voo inserido no FMC, surgem novos waypoints e os rumos definidos para alcançá-los. Cada ponto representa uma etapa estratégica — e, se respeitado com precisão, o trajeto levará exatamente ao destino traçado.

Sócios são os Motores

Não custa repetir: Se você tem sócios, defina claramente quem faz o quê.
Dois motores precisam trabalhar em sincronia.
Se um puxa para um lado e o outro para o lado oposto, a aeronave não voa.

Vocês não precisam se amar, mas precisam se respeitar e agir de forma coordenada.
Fazer seu sócio sentir-se importante e parte essencial da missão e mantém ambos na mesma frequência.

Vontade x Determinação

Vontade é querer voar. Determinação é abastecer, fazer o checklist, alinhar na pista e decolar — mesmo com vento de proa. Ao longo da rota, você vai se cansar, vai questionar se vale a pena, vai pensar em desistir. E aí que a determinação mantém a aeronave no ar.

"Na aviação e nos negócios, o plano de voo não garante céu limpo — mas sem ele, qualquer nuvem vira tempestade."

Tudo isso pode parecer óbvio quando falamos em negócios. Mas na aviação — de onde tiramos nossas metáforas — a disciplina do planejamento é questão de vida ou morte. Não basta ter vontade de voar, nem motores potentes, nem uma tripulação motivada. Se o plano de voo não for seguido, ou se houver falhas de comunicação sobre ele, a aeronave pode sair da rota sem que ninguém perceba — até ser tarde demais.

E não estamos falando de teoria. A história da aviação está marcada por acidentes em que **um detalhe ignorado no planejamento ou uma rota mal comunicada** custaram não apenas o sucesso da missão, mas a vida de todos a bordo.

Um dos casos mais emblemáticos aconteceu em 1979, quando um voo turístico da Air New Zealand, que deveria sobrevoar a Antártida em segurança, terminou em tragédia no Monte Erebus.

O Voo Air New Zealand 901 – A Tragédia no Monte Erebus

O dia anterior

Era 27 de novembro de 1979, em Auckland, Nova Zelândia. No hangar da Air New Zealand, técnicos de operações de voo faziam ajustes de rotina nos planos de navegação. Pequenos detalhes, coordenadas, pontos de referência. Nada que chamasse atenção. Entre as alterações, uma mudança aparentemente inofensiva: a rota programada para o voo turístico do dia seguinte, que levaria passageiros até a Antártida, foi ajustada em alguns graus.

Essa alteração, feita no sistema de navegação, não foi comunicada à tripulação. Para os pilotos, o plano de voo permanecia o mesmo de sempre: sobrevoar o mar de McMurdo, em segurança, com vistas espetaculares da paisagem gelada.

A manhã do voo

Na manhã de 28 de novembro, o McDonnell Douglas DC-10, matrícula ZK-NZP, estava pronto. Era um voo especial, sem escalas comerciais, apenas turistas ansiosos para ver a Antártida do alto. Havia fotógrafos, famílias inteiras, aventureiros. O clima era de festa.

Na cabine, o comandante Jim Collins e sua tripulação revisavam os instrumentos. Tudo parecia normal. O plano de voo impresso mostrava a rota que eles conheciam. Nenhum deles sabia que, no computador de navegação, a rota havia sido alterada para passar diretamente sobre o Monte Erebus, um vulcão coberto de neve com mais de 3.700 metros de altitude.

O voo

O DC-10 decolou de Auckland às 8h30. O voo transcorreu tranquilo, com céu limpo e passageiros maravilhados com a paisagem. Ao se aproximarem da Antártida, o fenômeno conhecido como **whiteout** começou a se formar: uma condição em que o céu e o solo coberto de neve se fundem em um branco uniforme, eliminando qualquer referência visual de profundidade ou relevo.

Na cabine, os pilotos acreditavam estar sobrevoando o mar de McMurdo. Os instrumentos, porém, indicavam que estavam alinhados com a nova rota — que os levava diretamente em direção ao Monte Erebus.

O impacto

Às 12h49, o DC-10 colidiu com a encosta do Monte Erebus a 447 metros de altitude. O choque foi devastador. Todos os 257 ocupantes morreram instantaneamente. A aeronave se despedaçou contra o gelo, espalhando destroços pela montanha.

A Nova Zelândia mergulhou em luto. Era o pior acidente aéreo da sua história.

A investigação

O inquérito inicial tentou atribuir a culpa aos pilotos, alegando erro de julgamento. Mas a pressão pública levou a uma investigação mais profunda. O juiz Peter Mahon, responsável pela revisão, descobriu a verdade:

- O plano de voo havia sido **alterado na noite anterior** sem que a tripulação fosse informada.

- Os pilotos acreditavam estar em segurança sobre o mar, quando na realidade estavam em rota de colisão com o Monte Erebus.

- O fenômeno meteorológico do **whiteout** impediu que percebessem visualmente a montanha.

Mahon classificou a conduta da companhia aérea como **"um encobrimento orquestrado"**, denunciando falhas graves de comunicação e responsabilidade.

Conclusão:

O acidente do Voo Air New Zealand 901 mostrou ao mundo que **não basta ter um plano de voo — é preciso garantir que ele seja comunicado, compreendido e cumprido por todos os envolvidos**.

"No cockpit ou na empresa, não é o plano que mata, mas a falta de alinhamento sobre ele."

"Plano de voo não é enfeite. É bússola. Ignorá-lo é voar para longe do destino pretendido."

Checklist de Planejamento e Metas – Mantendo o Voo Estável

Erros fatais de quem não planeja

- Decolar sem **plano de voo** definido ou não comunicado adequadamente.
- Não estabelecer **metas claras** e mensuráveis.
- Ignorar os **indicadores de desempenho** (painel de instrumentos).
- Não revisar e corrigir a rota quando necessário.
- Confiar apenas na memória ou "feeling" para tomar decisões.
- Desalinhamento entre sócios (motores fora de sincronia).
- Gastar combustível (tempo, energia, capital) em rotas sem retorno.

Boas práticas para manter o voo estável

- Definir **objetivo final** (destino) e **metas intermediárias** (pontos de navegação).
- Selecionar os **meios adequados**: aeronave, equipe, recursos.
- Calcular e garantir **combustível suficiente** (capital e energia).
- Implementar **processos claros** e replicáveis.
- Monitorar constantemente os **instrumentos** (indicadores e métricas).
- Corrigir o rumo sempre que necessário, sem perder o destino de vista.
- Manter **comunicação clara** com toda a tripulação.
- Cumprir o checklist antes de cada "voo" (projeto, campanha, entrega).

Exemplo de Planejamento
Plano de Voo Empresarial

1. Diretriz Estratégica (Destino Final) – *1 página, anual*

- O que quero alcançar? Ex.: Aumentar o faturamento em 20% nos próximos 12 meses.
- Por que isso é importante? Ex.: Garantir sustentabilidade financeira e expandir a operação.

Aqui está a visão de longo prazo — o aeroporto de destino.

2. Plano Estratégico (Rota Principal) – *1 página, anual*

- **Metas Intermediárias (Pontos de Navegação):**
  o **Meta 1:** Lançar um novo produto até o mês 3.
  o **Meta 2:** Aumentar a base de clientes ativos em 15% até o mês 6.
  o **Meta 3:** Reduzir custos operacionais em 10% até o mês 9.

São os waypoints que confirmam se a aeronave está no rumo certo.

3. Planos Táticos (Pernas do Voo / Sprints) – *meia página por projeto*

- **Recursos Necessários (Combustível, Tripulação e Aero-nave):**
  o **Capital:** R$ 50 mil para marketing, estoque e melhorias.
  o **Equipe:** 1 gerente de vendas, 2 vendedores, 1 assistente administrativo.
  o **Infraestrutura:** Loja física, e-commerce, sistema de gestão.

- **Estratégia e Ações (Rota detalhada):**
  - Marketing: Campanhas digitais segmentadas, parcerias com influenciadores locais.
  - Vendas: Treinamento da equipe, metas semanais, acompanhamento diário.
  - Operações: Revisão de contratos com fornecedores, otimização de processos internos.

Cada sprint/projeto é uma perna da viagem, com recursos e ações definidos.

4. Planos Operacionais (Checklist de Cabine) – *checklist semanal*

- Indicadores de Desempenho (Painel de Instrumentos):
  - Vendas semanais (R$ e unidades).
  - Taxa de conversão (propostas x vendas).
  - Custo de aquisição de cliente (CAC).
  - Margem de lucro líquida.

Aqui estão os instrumentos de bordo que o piloto consulta a todo momento.

5. Plano do Dia a Dia (Ajustes em Voo) – *3 prioridades diárias*

- Monitoramento e Correção de Rumo:
  - Reuniões quinzenais para revisar indicadores.
  - Ajustar ações se as metas intermediárias não estiverem sendo atingidas.
  - Revisar recursos e estratégias a cada trimestre.

É o controle fino: corrigir proa, potência e altitude diariamente.

Abort Take-off – Quando é hora de interromper a decolagem

E se, mesmo com toda a preparação e monitoramento, o voo não ganhar a potência necessária para sair do chão? E se os indicadores mostrarem que não há velocidade suficiente para uma decolagem segura?

É nesse exato momento que entra o **Procedimento de Abort Take-off** — o pivô seguro que interrompe a decolagem antes que seja tarde. O piloto aplica os freios, reduz a potência e mantém o controle da aeronave dentro dos limites da pista. Em seguida, um novo checklist é acionado: as condições são revistas, os parâmetros recalculados e só então se decide se a tentativa deve ser refeita.

Na gestão empresarial, esse procedimento equivale a reconhecer que um projeto ou iniciativa não está pronto para "sair do chão". Em vez de insistir e correr o risco de consumir todo o combustível no meio da pista, o líder interrompe a manobra, reavalia recursos e ajusta a estratégia. Assim, evita um acidente maior e garante que, na próxima tentativa, a decolagem aconteça em condições muito mais seguras.

"Abortar a decolagem não é fracasso. É disciplina e prudência para preservar energia e tentar novamente no momento certo."

Quando parar é a decisão mais inteligente

Nem todo voo precisa decolar na primeira tentativa. Às vezes, mesmo com tudo pronto, os sinais mostram que não há força suficiente para sair do chão. Na aviação, o piloto não insiste, aplica o o Procedimento de Abort Take-off: interrompe a decolagem e evita um acidente.

Nos negócios, funciona da mesma forma. Se os sinais mostram que o projeto não vai ganhar altitude, é hora de parar, revisar e tentar de novo em condições melhores.

Como fazer

1. Defina critérios de "vai ou não vai" – go no go - antes de começar.
    → Ex.: antes de investir pesado, faça um teste simples de aceitação com clientes reais.
2. Acompanhe os sinais em tempo real.
    → Vendas, procura, interesse do público.
3. Se um sinal de alerta aparecer, freie.
    → Melhor parar cedo do que gastar toda a pista.
4. Reavalie o plano.
    → Ajuste produto, preço, público ou forma de vender.
5. Comunique rápido à equipe.
    → Todos precisam saber que a manobra mudou.

Resultado:

-   Evita desperdiçar tempo e dinheiro em algo que não vai decolar.
-   Protege sua empresa de desgastes que poderiam ser fatais.
-   Permite testar novos rumos com impacto controlado.

Aplicações práticas

-   **Defina pontos de alerta claros.**
    Ex.: "Se em 15 dias ninguém comprar, paramos e revisamos."
-   **Monte um painel simples.**
    Pode ser até uma planilha com vendas, custos e lucro.
-   **Escolha um responsável.**
    Alguém precisa ter autoridade para puxar o freio.

- **Tenha rotas alternativas.**
  Já pense em ajustes possíveis: mudar público, preço ou canal de venda.
- **Reuniões rápidas.**
  Em até 48h após o alerta, decida se continua ou muda de rota.

Exemplo real – Quando parar salvou o voo

Uma empresa de podcasts chamada Odeo percebeu que não teria espaço quando a Apple lançou o iTunes. Em vez de insistir, os fundadores reuniram a equipe, suspenderam o projeto e buscaram uma nova ideia. Dessa "arremetida" nasceu o Twitter, que depois se tornou um gigante global.

Checklist rápido

1. Tenho critérios claros de "vai ou não vai" antes de cada lançamento?
2. Meus sinais de alerta são fáceis de acompanhar?
3. Existe alguém autorizado a decidir parar?
4. Já tenho alternativas pensadas?
5. Tomo decisões rápidas, em até 48h após o alerta?

"Parar cedo não é desistir. É garantir que seu próximo voo decole com segurança".

Briefing e Debriefing

O Ciclo Diário da Jornada - Antes e Depois da Meta

Briefing – Antes da decolagem rumo à meta

Na aviação, o briefing é aquele momento em que a tripulação se reúne antes do voo. O comandante explica o plano, revisa a rota, fala sobre o clima e distribui responsabilidades. Todos saem da sala sabendo exatamente o que fazer.

Nos negócios, o briefing é a reunião rápida antes de começar a jornada rumo a uma meta. É quando você e sua equipe alinham:

- Qual é o destino? (a meta clara)

- Quais recursos temos? (tempo, dinheiro, pessoas)

- Quais riscos podem aparecer? (concorrência, atrasos, imprevistos)

- Quem faz o quê? (responsabilidades definidas)

Esse momento evita mal-entendidos e dá clareza. É como alinhar a bússola antes de levantar voo.

Debriefing – Depois do pouso, meta alcançada (ou não)

Na aviação, o debriefing acontece após o pouso. A tripulação revisa o que deu certo, o que deu errado e o que pode ser melhorado no próximo voo. É aprendizado imediato, sem enrolação.

Nos negócios, o debriefing é a conversa depois da meta:

Chegamos ao destino? (atingimos o objetivo?)

- O que funcionou bem? (ações que devem ser repetidas)
- O que não funcionou? (erros ou falhas que precisam ser corrigidos)
- O que aprendemos? (lições para o próximo ciclo)

Esse momento transforma cada meta em combustível para a próxima. Mesmo quando o pouso não é perfeito, o aprendizado garante que o próximo voo seja mais seguro.

Frequência e Formato

Briefings rápidos diários – Ajustes finos

- **Objetivo:** corrigir pequenos desvios antes que se tornem problemas.
- **Duração:** 10–15 minutos, em pé, sem apresentações longas.
- **Conteúdo:**
  - Status do dia anterior
  - Obstáculos imediatos
  - Prioridades do dia

Exemplos práticos:

- Indústria: "Ontem a linha 2 parou por 30 minutos, já ajustamos. Hoje o foco é terminar o lote do cliente A."

- Comércio: "Ontem batemos 80% da meta diária. Hoje vamos reforçar a divulgação do produto em promoção."

Briefings semanais – Revisar a rota

- **Objetivo:** avaliar se o voo segue no rumo certo.
- **Duração:** 30–45 minutos.
- **Conteúdo:**
    - Indicadores-chave (produção, vendas, custos, satisfação do cliente)
    - Gargalos e oportunidades
    - Ajustes de curto prazo

Exemplos práticos:

- **Indústria:**
  "Produção está 5% abaixo do previsto por falta de insumo; vamos antecipar pedido ao fornecedor."

- **Comércio:**
  "Campanha online trouxe muitos contatos, mas a conversão foi baixa; precisamos ajustar a abordagem no WhatsApp."

Briefings mensais – Estratégia de longo alcance

- **Objetivo:** revisar o plano de voo estratégico e alinhar metas.
- **Duração:** 1–2 horas.

- **Conteúdo:**
    - Revisão dos objetivos estratégicos
    - Análise de mercado e concorrência
    - Ajuste de metas e estratégias

Exemplos práticos:
1. **Aumentar base de clientes ativos**
    - Meta: +20% em 6 meses
    - Estratégia: programa de indicação + campanha de reativação.

2. **Reduzir custos operacionais**
    - Meta: -10% em 4 meses
    - Estratégia: renegociar contratos e otimizar consumo de energia.

3. **Abrir canal de vendas online**
    - Meta: loja virtual ativa em 90 dias
    - Estratégia: escolher plataforma, cadastrar produtos e treinar equipe.

O debriefing fecha o ciclo

Se o briefing é a checagem antes da decolagem, o **debriefing** é a análise depois do pouso. É o momento de entender:

- O que deu certo
- O que deu errado
- O que precisa mudar para o próximo "voo"

Exemplos práticos:

- Indústria: "Ontem a produção ficou 8% abaixo da meta por falta de insumo X; hoje vamos priorizar o lote Y enquanto aguardamos reposição."

- Comércio: "Ontem vendemos 120 unidades, 30% acima da média; vamos reforçar a campanha que gerou esse resultado."

Em resumo

- **Briefing:** alinhar antes de decolar.
- **Debriefing:** aprender depois de pousar.

"Um briefing diário de 10 minutos já muda o jogo. Ele evita que a empresa voe às cegas e garante que cada jornada seja um voo completo: decolagem, cruzeiro e pouso com segurança."

Gestão de Riscos e Turbulência
Identificar "zonas de turbulência"

Assim como um piloto monitora radares e previsões para evitar áreas de instabilidade, líderes precisam identificar antecipadamente fatores que podem gerar impacto no "voo" da empresa:

- **Mercado**:
  mudanças regulatórias, novos concorrentes, variação cambial.

- **Equipe**:
  rotatividade alta, conflitos internos, falta de capacitação, falta de mão de obra.

- **Recursos**:
  falhas de fornecedores, indisponibilidade de insumos, restrições orçamentárias.

Exemplo: Uma indústria detecta que seu principal fornecedor está com problemas financeiros — isso é uma "Cumulonimbus" no radar que exige plano alternativo.

Cumulonimbus (CB)
A gigante do céu

Uma nuvem de tempestade com impressionante desenvolvimento vertical, capaz de se erguer por mais de 10 quilômetros até tocar a estratosfera. Ela nasce do crescimento acelerado de nuvens cúmulus em condições de forte instabilidade atmosférica, calor intenso e alta umidade.

Dentro dessa imensa estrutura, correntes de ar ascendentes e descendentes se chocam, alimentando fenômenos extremos como chuvas intensas, relâmpagos, trovoadas, rajadas violentas de vento e até granizo.

Temida na aviação, a cumulonimbus é um verdadeiro "território proibido" para pilotos, pois concentra forças capazes de comprometer seriamente a segurança de qualquer voo.

Banci, professor de meteorologia para a aviação do curso de pilotos do Aeroclube São Paulo, com quem tive o prazer de aprender, dizia:

"CB no céu piloto no Hotel"

Mapa de riscos

O mapa de riscos é como a carta de navegação que mostra onde estão as áreas mais perigosas e qual a probabilidade de encontrá-las.

Passos para criar:

1. **Listar riscos** identificados.

2. **Classificar** cada risco por **impacto** (baixo, médio, alto) e **probabilidade** (rara, possível, provável).

3. **Definir planos de contingência** para os riscos mais críticos.

Exemplo:

- **Risco**: queda de 20% na demanda.

- **Impacto**: alto.

- **Probabilidade**: possível.

- **Plano**: diversificar canais de venda e reforçar marketing digital.

Exercício prático – Simulação de voo sob turbulência

Um role-play ajuda a equipe a reagir rapidamente quando a "cabine" balança.

- **Cenário**: queda abrupta nas vendas de um produto-chave.
- **Objetivo**: testar a capacidade de resposta e comunicação.
- **Execução**: cada área apresenta ações imediatas e de médio prazo para estabilizar o "voo".

Na aviação, turbulência não significa desastre — mas exige atenção, preparo e ação coordenada.

No mundo dos negócios, a gestão de riscos é o radar que permite antecipar problemas e ajustar a rota antes que seja tarde.

Quando a tempestade venceu:

Era madrugada ainda quando o **Cessna P210N, prefixo PSFDW**, decolou de **Araçatuba (SP)** às **6h39**. No comando, o médico e pecuarista **Ramiro Pereira de Matos**, 67 anos, piloto experiente, seguia sozinho rumo à sua fazenda em **Figueirópolis D'Oeste (MT)**.

O plano de voo previa pouco mais de uma hora no ar, cruzando o Pantanal de Mato Grosso do Sul. Mas o radar meteorológico já mostrava manchas densas e coloridas — sinal de formações **cumulonimbus** no caminho.

O **Instituto Nacional de Meteorologia** havia emitido alerta de tempestade com "perigo potencial": chuva intensa, ventos de até 60 km/h, trovoadas e possibilidade de granizo. Sobre a imensidão alagada do Pantanal, as nuvens se erguiam como muralhas, com topos em bigorna tocando a estratosfera. Dentro delas, correntes ascendentes e descendentes se chocavam com violência invisível.

Por volta das **7h30**, Ramiro teria comunicado a outro piloto que enfrentava **chuva forte, trovoadas e visibilidade reduzida**, demonstrando tensão na voz. Pouco depois, o sinal do transponder desapareceu do rastreamento. A aeronave havia entrado na tempestade.

Lá dentro, o mundo se tornou um caos: rajadas laterais, gelo martelando a fuselagem, relâmpagos iluminando a cabine como flashes de câmera. O altímetro oscilava violentamente.

Minutos depois, o silêncio.

O avião caiu em uma área de difícil acesso entre **Coxim e Corumbá (MS)**.

O impacto foi fatal.

Equipes da **Força Aérea Brasileira** e do **Corpo de Bombeiros** localizaram os destroços e o corpo do piloto horas depois. A aeronave estava com documentação e manutenção em dia, mas a cumulonimbus não perdoa erros de avaliação.

Lição para empresas

No mundo corporativo, a "cumulonimbus" pode ser uma crise de mercado, um rompimento na cadeia de suprimentos ou uma mudança regulatória repentina.

O "radar" são seus indicadores, relatórios e análises. Ignorá-los é voar **às cegas** para dentro de uma tempestade que pode comprometer toda a operação.

Air France 447: quando o céu fechou e a cabine se perdeu
Noite de 31 de maio de 2009.

O **Airbus A330-203**, prefixo **FGZCP**, repousa sob a luz amarelada do pátio no Aeroporto Internacional do Rio de Janeiro. A bordo, **228 pessoas** — 216 passageiros e 12 tripulantes.

Na cabine, três pilotos:
Marc Dubois (58 anos, comandante);
David Robert (37 anos, copiloto); e
Pierre-Cédric Bonin (32 anos, copiloto).

Checklist após checklist, tudo confere.
O gigante de metal começa a se mover, taxiando até a cabeceira.

A torre autoriza:
"Air France quatro quatro sete, autorizado para decolagem".

Os motores rugem, o som grave vibra pelo piso.
Em segundos, o avião corta a pista e sobe, deixando para trás as luzes da cidade.
Pouco tempo depois, No ala de passageiros, o serviço de bordo.
O ronco constante dos motores embala o voo.
O Atlântico se estende como um manto negro sob as asas.

Paralelo 1 – O início perfeito não garante o final seguro

Na empresa: um projeto pode começar com recursos, equipe e planejamento impecáveis, mas o sucesso depende de como se reage quando o cenário muda.

Horas depois, na escuridão total sobre o oceano, o **radar meteorológico** começa a pintar manchas densas e coloridas: **formações cumulonimbus** no caminho, próximo à linha do Equador. Outras aeronaves desviam, mas... O AF447 mantém o curso.

Pergunta reflexiva:

Quando o radar mostra tempestade, quais são as opções?
Como avaliar cada uma?

Caminhos possíveis e significados na empresa:

- **Desviar a rota** → mudar o plano original para evitar um risco iminente, mesmo que atrase entregas ou aumente custos.
- **Alterar altitude** → reposicionar o foco ou segmento para escapar de um cenário instável.
- **Reduzir velocidade** → desacelerar a execução para absorver mudanças e evitar erros graves.
- **Solicitar informações de outras aeronaves** → buscar insights com parceiros, fornecedores ou especialistas.
- **Reavaliar continuamente o radar** → monitorar indicadores e ajustar a estratégia em tempo real.

Paralelo 2 – Ignorar o radar

Na empresa: ignorar indicadores, relatórios e análises é seguir em frente mesmo sabendo que há uma crise à frente.

Pouco depois..

1h UTC[3].

A aeronave mergulha na área de tempestade.

O som da chuva se transforma em marteladas de gelo contra a fuselagem.

Relâmpagos iluminam a cabine como flashes de câmera, revelando rostos tensos.

O gelo começa a se acumular nos **tubos de Pitot**.

As leituras de velocidade ficam inconsistentes.

O piloto automático se desconecta.

3 Horário **UTC (Tempo Universal Coordenado)** é o padrão internacional usado na aviação para garantir consistência entre fusos horários diferentes. Ele não muda com horário de verão e é sempre baseado no meridiano de Greenwich.

Pergunta reflexiva:

Quando os instrumentos falham, como validar a informação antes de agir?

Caminhos possíveis e significados na empresa:

- **Redundância de fontes** → cruzar dados com outros sistemas ou relatórios independentes.

- **Confirmação cruzada** → pedir que outro membro valide a leitura ou interpretação.

- **Referências externas** → buscar dados de mercado ou benchmarks.

- **Testes rápidos** → validar hipóteses antes de grandes decisões.

- **Histórico e padrões** → comparar com comportamentos anteriores para identificar anomalias.

Paralelo 3 – Perda de referências

Na empresa: perder dados confiáveis ou clareza estratégica é como voar sem horizonte — decisões passam a depender apenas de percepção.

Bonin, no comando, ouve o alarme de **stall** e puxa o manche para cima — exatamente o oposto do que deveria fazer.

O nariz sobe, a velocidade cai, e o avião entra em **estol aerodinâmico**.

O alerta de stall soa repetidamente, mas não é reconhecido.

Pergunta reflexiva:

Se um indicador crítico dispara um alerta, como garantir que ele seja interpretado corretamente?

Caminhos possíveis e significados na empresa:

- **Treinar a equipe** → garantir que todos saibam interpretar sinais de risco.
- **Protocolos claros** → definir respostas padrão para cada tipo de alerta.
- **Simulações** → praticar cenários críticos para reforçar reações corretas.
- **Confirmação cruzada** → validar interpretações com outros membros.

Paralelo 4 – Indicadores ignorados ou mal interpretados

Na empresa: um KPI ignorado ou mal lido pode levar a decisões que aceleram a crise.

O comandante retorna à cabine.

A comunicação é truncada, frases se sobrepõem.

Ninguém verbaliza:

"Estamos em stall".

Enquanto um tenta baixar o nariz, o outro continua puxando. O avião permanece em queda sustentada por mais de 3 minutos.

Pergunta reflexiva:

Se a comunicação está truncada, como garantir que todos entendam a situação da mesma forma?

Caminhos possíveis e significados na empresa:

- **Padronizar a linguagem** → evitar termos ambíguos.

- **Confirmar entendimento** → pedir que repitam a mensagem recebida.
- **Mensagens curtas e objetivas** → reduzir ruído em momentos críticos.
- **Canal único** → centralizar a comunicação para evitar versões conflitantes.
- **Sinais visuais ou códigos** → agilizar a compreensão em situações de pressão.

Paralelo 5 – Falha de coordenação

Na empresa: quando áreas e líderes não compartilham informações e agem isoladamente, esforços se anulam.

2h14 UTC[4].

O AF447 atinge o Atlântico a mais de 200 km/h. Não há sobreviventes.

A investigação conclui:
falhas técnicas, decisões erradas, perda de consciência situacional e falha de coordenação.

Lição

O caso do AF447 é um lembrete brutal de que:

- **Radar ignorado** = riscos não antecipados.
- **Indicadores mal interpretados** = decisões erradas.
- **Falta de coordenação** = ações que se anulam.
- **Pressão emocional** = perda de clareza.

Na sua empresa, isso pode não significar vidas perdidas, mas pode significar **o fim de um projeto, de uma venda, de um contrato ou pior, até do próprio negócio.**

---

4   *Horário **UTC (Tempo Universal Coordenado)** é o padrão internacional usado na aviação para garantir consistência entre fusos horários diferentes. Ele não muda com horário de verão e é sempre baseado no meridiano de Greenwich.

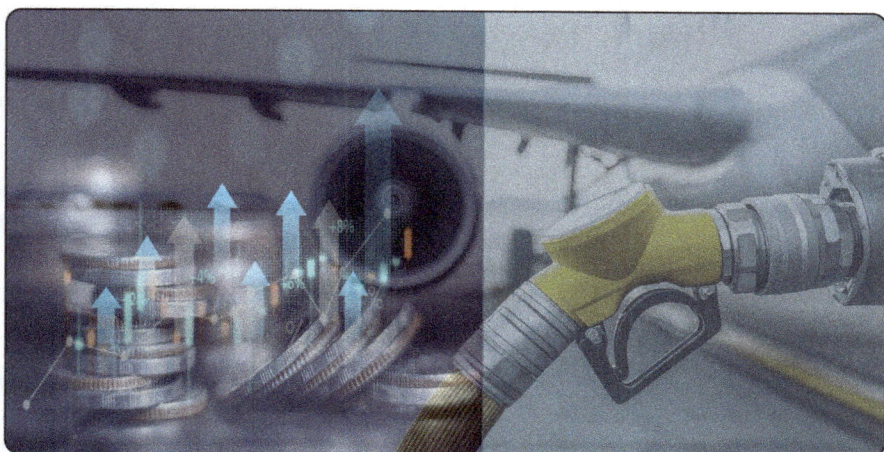

Vendas

Motores e combustível do voo empresarial

Se sua empresa já está no ar, mas voando baixo, com alarmes acesos no painel, ou se você está prestes a decolar pela primeira vez, saiba:

vendas são ao mesmo tempo os motores e o combustível do seu voo.

- Motores: o processo comercial, que transforma oportunidades em receita e impulsiona a empresa para frente.
- Combustível: o dinheiro que entra com cada cliente atendido, mantendo a operação no ar.

Sem motores, não há movimento. Sem combustível, até o melhor motor para.

Planejamento é o plano de voo

Você pode ter a rota perfeita, mapas atualizados e tripulação treinada, mas se as metas de vendas não acompanham o planejamento, a aeronave perde sustentação. Quando as vendas não acontecem, todo o resto — produção, marketing, inovação — começa a falhar.

195 ✈

"Quando o motor gira, o resto se ajusta"

Com pedidos em carteira, é mais fácil corrigir panes:

- Produção atrasou?
  Terceirize temporariamente, como interceptar outra radial para chegar ao destino por uma rota alternativa.

- Fornecedor falhou
  Acione um plano B, como interceptar outra radial que leve ao mesmo VOR (meta) por um caminho mais seguro.

- Caixa apertou?
  Negocie prazos, como reduzir velocidade para economizar combustível.

O que é interceptar outra radial?

Na navegação aérea por instrumentos, uma radial é uma linha magnética que se estende para fora de uma estação de rádio VOR (*VHF Omnidirectional Range*).

Ela é medida em graus a partir do norte magnético, e existem 360 radiais — uma para cada grau ao redor da estação. Para visualizar, imagine que você está dirigindo e o GPS avisa:

"Para continuar até seu destino, pegue a saída 38A."

Na aviação, em vez de "saídas" numeradas, temos radiais.

Se a aeronave está vindo do sul certamente está voando em direção a 360º - norte magnético - e precisa seguir para o leste, o piloto vai interceptar a radial 090, voando nessa direção até o VOR. Ou seja, quando for cruzar essa linha de 90º fará uma curva para a direita, como você na estrada.

Ao chegar lá, pode ser autorizado a interceptar outra radial para seguir até o próximo ponto de navegação (*waypoint*).

Esses *waypoints* são, no mundo dos negócios, como metas intermediárias que levam ao objetivo final.

Se uma radial está com turbulência — na empresa, um fornecedor que não entrega, um mercado que se fechou, um canal de vendas que secou — o piloto (gestor) muda para outra radial antes de entrar na tempestade. Se sua saída 38A estivesse interditada por algum motivo, você teria que fazer o mesmo.

IMPORTANTE:

Na aviação cada aeronave é **única** em termos de performance, sistemas, limitações e envelope de voo. Por isso, a ANAC (e outras autoridades) exigem **habilitação de tipo** para aeronaves mais complexas (como jatos executivos, Boeing, Airbus, helicópteros).

Isso significa que, se um piloto voar **10 modelos diferentes**, ele precisa de **10 habilitações específicas**, cada uma com curso teórico e prático, simulador e cheque de proficiência.

Na empresa não é diferente.

Cada **negócio** também tem suas **limitações próprias**: cultura, mercado, recursos, pessoas, processos.

Não existe "manual universal" que sirva para todas as empresas.

O empreendedor que tenta aplicar a mesma fórmula em negócios diferentes, sem entender suas particularidades, corre o risco de "perder o controle da aeronave".

Assim como o piloto precisa de **treinamento específico para cada tipo de avião**, o gestor precisa de **aprendizado específico para cada modelo de negócio**.

"Na aviação, cada aeronave exige um curso próprio. Nos negócios, cada empresa exige um aprendizado único. Não existe piloto automático para o sucesso."

PESO E BALANCEAMENTO

Quando o Centro Sai do Eixo, o Voo Perde o Céu

Uma das limitações mais importantes

Por que o peso e balanceamento é tão importante na aviação

Performance de decolagem: se a aeronave estiver acima do peso máximo, precisará de mais pista e pode não conseguir sair do chão.

Estabilidade em voo: se o centro de gravidade (CG) estiver fora da faixa permitida, o avião pode ficar instável, difícil de controlar ou até entrar em atitude irrecuperável.

Consumo de combustível: excesso de peso aumenta o consumo, reduzindo a autonomia.

Velocidade de estol: aeronaves mais pesadas ou mal balanceadas entram em estol em velocidades mais altas.

Pouso: peso acima do limite aumenta a distância de pouso e o risco de falha estrutural.

Em resumo: um avião pode até voar com menos combustível, mas nunca com peso e balanceamento fora do envelope seguro.

Na empresa:

- **Peso total** = soma de custos fixos, variáveis e compromissos financeiros.
- **Centro de gravidade (CG)** = equilíbrio entre vendas, produção, finanças e pessoas.
- **Excesso de peso** = assumir mais compromissos do que a estrutura suporta (dívidas, clientes além da capacidade, expansão precipitada).
- **CG deslocado** = foco exagerado em uma área (ex.: só vendas sem caixa, só produção sem mercado).

Assim como na aviação, um negócio pode até operar com menos recursos, mas não sobrevive se perder o equilíbrio entre carga, estrutura e combustível financeiro.

"Na cabine de comando ou no mercado, o maior risco não é a falta de potência, mas o excesso de peso e o desequilíbrio. É isso que derruba aeronaves — e empresas."

Mais adiante, voltaremos ao painel de peso e balanceamento, onde o equilíbrio decide o destino do voo.

Checklist antes de acelerar

Antes de abrir potência máxima, todo comandante faz uma checagem.
No negócio, isso significa responder:

- O que é possível vender de verdade?
- Quanto é possível vender sem sobrecarregar a operação?
- A produção dá conta do volume?
- O crédito comporta o aumento de duplicatas?
- A margem cobre comissões, reposição, custos e preço do dinheiro?
- Qual é a "altitude de segurança" para inadimplência?
- Crescer agora é seguro ou é hora de voar mais baixo?

1. O que é possível vender de verdade?
Metáfora: "Confirmar plano de rota e destino autorizado pela torre."
Financeiro: Validar a **demanda real do mercado** e se há clientes dispostos a comprar.

2. Quanto é possível vender sem sobrecarregar a operação?
Metáfora: "Checar peso e balanceamento da aeronave antes da decolagem."

Financeiro: Avaliar a **capacidade operacional** (produção, logística, equipe) para não ultrapassar o limite de carga.

3. A produção dá conta do volume?

Metáfora: "Verificar se os motores têm potência suficiente para a corrida de decolagem."

Financeiro: Confirmar se a **capacidade produtiva** suporta o aumento de pedidos sem comprometer qualidade ou prazos.

4. O crédito comporta o aumento de duplicatas?

Metáfora: "Checar combustível disponível para o voo completo."
Financeiro: Avaliar se o **capital de giro** e os **limites de crédito** suportam o aumento de **duplicatas a receber** (vendas a prazo), sem risco de pane seca no caixa.

5. A margem cobre comissões, reposição, custos e preço do dinheiro?

Metáfora: "Conferir se a autonomia da aeronave cobre todo o trajeto, incluindo reservas." ◊ *Financeiro:* Garantir que a **margem de contribuição** seja suficiente para absorver custos variáveis, despesas financeiras e ainda gerar lucro.

6. Qual é a "altitude de segurança" para inadimplência?

Metáfora: "Definir altitude mínima segura para evitar colisão com obstáculos."

Financeiro: Estabelecer o **nível máximo de inadimplência tolerável** sem comprometer a saúde financeira da empresa.

7. Crescer agora é seguro ou é hora de voar mais baixo?

Metáfora: "Decidir se as condições meteorológicas permitem subir para o nível de cruzeiro ou manter voo mais baixo."
Financeiro: Avaliar se o **momento econômico e interno da empresa** permite expansão, ou se é mais prudente manter crescimento controlado.

Reduzir Para Voar Mais Alto

Nem sempre acelerar é a melhor manobra

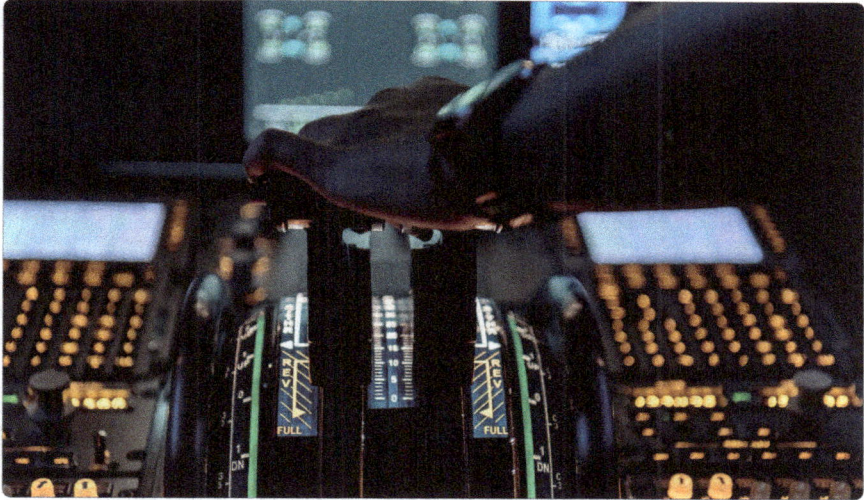

Na aviação, há momentos em que reduzir potência ou até arremeter salva vidas. No negócio, reduzir o nível de atividade pode preservar caixa, margem e saúde da operação.

Crescer sem base sólida é como decolar com excesso de peso: pode até sair do chão, mas não sustenta.

Capital de giro: o tanque de combustível

Cada venda consome combustível antes de gerar retorno:

- Estoques: peças no porão, capital parado.
- Duplicatas a receber: altitude ilusória — receita sem caixa é vento de cauda que pode virar de frente.
- Caixa: combustível real — sem ele, não há plano B.

Se o consumo (juros + custos) se aproxima do empuxo (lucro operacional), acenda a luz de alerta: talvez seja hora de aliviar peso e ajustar a rota.

203

DE VOLTA AO CIRCUITO DE EXTREMA IMPORTÂNCIA
PESO E BALANCEAMENTO

Na aviação:

Peso total: se a aeronave estiver acima do limite, ela precisará de mais pista para decolar, terá menor taxa de subida e pode não conseguir ultrapassar obstáculos.

Centro de gravidade (CG): se estiver deslocado para frente ou para trás além dos limites, a aeronave perde estabilidade e controlabilidade.

Consequências práticas:

- Maior consumo de combustível
- Velocidade de estol mais alta
- Distância de pouso maior
- Risco de perda de controle em emergências

Em resumo: peso e balanceamento corretos garantem que a aeronave voe dentro do "envelope seguro" de performance e estabilidade.

Na empresa:

- Peso vazio = custos fixos que sempre acompanham o negócio.
- Combustível = capital de giro necessário para sustentar a operação.
- Passageiros/carga útil = faturamento real, clientes e contratos.
- MTOW (peso máximo de decolagem) = limite de crescimento sustentável.
- Centro de gravidade = equilíbrio entre vendas, produção, finanças e pessoas.

Se a empresa "carregar demais" (custos, dívidas, vendas a prazo sem caixa), ou se o "centro de gravidade" estiver fora do lugar (ex.: só vendas sem estrutura, ou só produção sem mercado), o voo fica instável e arriscado.

"Nenhum comandante decola sem calcular peso e balanceamento. Nenhum empreendedor deveria crescer sem conhecer seus limites de estrutura, capital e equilíbrio."

Peso e Balanceamento – Tradução para o Negócio

Peso vazio (Empty Weight)
Aviação: É o peso da aeronave sem passageiros, carga ou combustível — apenas a estrutura, motores e sistemas básicos.

Negócio: Representa a estrutura fixa da empresa: custos fixos, equipe mínima, sistemas administrativos. É o "peso que sempre vai junto", mesmo sem faturamento.

Peso do combustível (Fuel Weight)
Aviação: É o combustível necessário para cumprir a missão, incluindo reservas.

Negócio: É o capital de giro — o recurso financeiro que mantém a operação funcionando até que as receitas entrem. Sem combustível, não há voo; sem capital de giro, não há operação.

Passageiros e carga útil (Payload)
Aviação: São os passageiros, bagagens e carga que geram receita.

Negócio: É o faturamento real — os clientes, contratos e entregas que sustentam a empresa.
É o que dá sentido ao voo.

205

Peso máximo de decolagem (MTOW – Maximum Take-Off Weight)

Aviação: É o limite estrutural e de performance que a aeronave pode suportar para decolar com segurança.

Negócio: É a capacidade máxima de crescimento sustentável. Se tentar crescer além desse limite (mais vendas do que a estrutura suporta), a empresa corre risco de "não sair do chão" ou entrar em colapso.

Peso máximo de pouso (MLW – Maximum Landing Weight)

Aviação: Limite de peso para pousar em segurança.

Negócio: É a capacidade de absorver resultados. Não adianta vender muito se a empresa não consegue "aterrar" com segurança (entregar, faturar e receber).

Centro de Gravidade (CG – Center of Gravity)

Aviação: É o ponto de equilíbrio da aeronave. Se estiver fora da faixa, o avião fica instável.

Negócio: É o equilíbrio estratégico entre vendas, produção, finanças e pessoas.

Se o "CG empresarial" estiver deslocado (ex.: só vendas sem caixa, ou só produção sem mercado), a empresa perde estabilidade.

Envelope de voo (Flight Envelope)

Aviação: Conjunto de limites de peso, velocidade e altitude em que a aeronave pode operar com segurança.

Negócio: É o conjunto de limites operacionais da empresa: até onde pode crescer, quanto pode endividar-se, qual nível de risco pode assumir.

Voar fora do envelope é operar fora da realidade.

Caminhos possíveis e seus significados

- Desviar a rota → mudar plano ou segmento para preservar margens e caixa.
- Alterar altitude → reposicionar mix de clientes/produtos para zonas mais estáveis.
- Reduzir velocidade → alongar metas e consolidar processos antes de crescer.
- Interceptar outra radial → mudar rapidamente o alinhamento estratégico para continuar avançando rumo ao objetivo, mesmo que por outro caminho.
- Reavaliar continuamente o radar → monitorar indicadores e ajustar a estratégia em tempo real.

Estabilize antes de subir para o próximo nível de voo

Na aviação, subir para um nível de voo mais alto (altitude de cruzeiro superior) só é seguro quando a aeronave está **estável:**

- Velocidade controlada.
- Motores entregando potência de forma consistente.
- Rota definida e sem desvios perigosos.
- Combustível suficiente para a próxima etapa.

O piloto só inicia a subida quando todos os sistemas estão sob controle.

Se tentar subir antes da hora, corre o risco de entrar em **estol** — perda de sustentação que pode levar à queda.

No mundo dos negócios, é a mesma lógica:

- **Estabilizar** = colocar finanças, processos, equipe e vendas sob controle, com previsibilidade e segurança.

- **Subir** = buscar o próximo patamar de crescimento, expansão ou diversificação.

Como a radial entra nessa história

Pense que cada nível de voo é como um novo segmento de rota.

Para chegar lá, muitas vezes é preciso interceptar outra radial — mudar o alinhamento estratégico para entrar na trajetória correta até o próximo VOR (meta).

Assim como no voo real, essa interceptação deve ser feita antes de entrar na turbulência, não no meio dela.

Se o seu "radar" (indicadores) mostra que a radial atual está com mau tempo — por exemplo, um mercado saturado, um fornecedor instável ou um canal de vendas que secou —, é hora de pedir autorização para interceptar outra radial que leve ao mesmo destino por um caminho mais seguro.

Para quem já está no ar: estabilize a aeronave antes de tentar subir.

Para quem vai decolar: prepare-se para interceptar a radial certa desde o início.

O sucesso não está só em acelerar, mas em saber quando manter velocidade de cruzeiro, quando subir, quando desviar e quando interceptar outra radial.

Teto Máximo de Voo

O que é o teto máximo de voo?

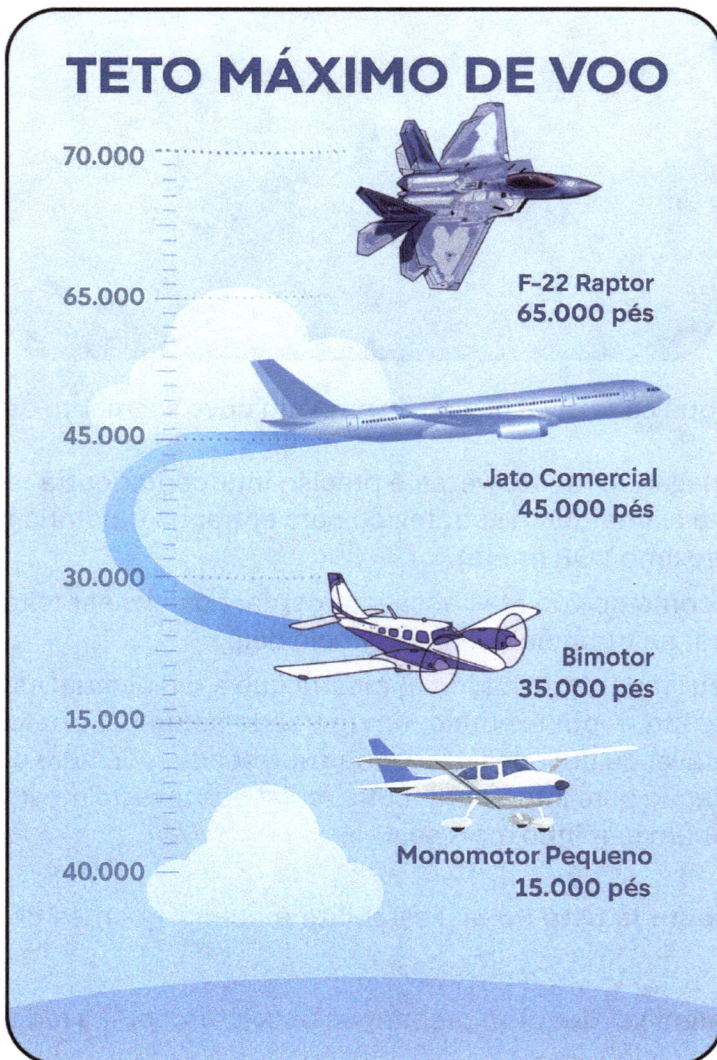

TETO MÁXIMO DE VOO

70.000

65.000 — F-22 Raptor 65.000 pés

45.000 — Jato Comercial 45.000 pés

30.000 — Bimotor 35.000 pés

15.000 —

40.000 — Monomotor Pequeno 15.000 pés

Na aviação, toda aeronave tem um **teto de serviço** — a altitude máxima em que consegue voar de forma segura e eficiente. Acima desse ponto, o ar fica rarefeito, a sustentação diminui, os motores perdem eficiência e a margem de segurança entre a velocidade mínima (stall) e a máxima segura fica perigosamente estreita.

É a chamada *coffin corner* — "canto do caixão" — onde qualquer variação pode levar à perda de controle.

Não importa o quanto o piloto queira subir: **há um limite físico e seguro que não pode ser ultrapassado**. E insistir pode ser fatal.

O teto máximo de voo da sua empresa

No mundo dos negócios, o **teto máximo** é o ponto em que, com os recursos e estrutura atuais, a empresa **não consegue crescer mais sem comprometer a segurança financeira e operacional**.

Esse limite pode ser determinado por:

- **Capacidade de produção** (máquinas, equipe, tecnologia).
- **Capital de giro** (caixa para sustentar prazos e estoques).
- **Capacidade de gestão** (processos, liderança, controle).
- **Mercado disponível** (tamanho e maturidade do público-alvo).
- **Qualidade e consistência** (manter padrão sem sobrecarga).

Como identificar o teto:

Assim como o piloto conhece o teto de serviço da aeronave antes de decolar, o empresário precisa saber **qual é o teto da sua empresa**.

Alguns sinais de que você está chegando perto dele:

- Atrasos frequentes nas entregas.
- Queda na qualidade do produto ou serviço.
- Caixa cada vez mais apertado, mesmo com aumento nas vendas.
- Equipe sobrecarregada e aumento de erros.
- Clientes reclamando mais do que o normal.

O perigo de tentar ultrapassar

Na aviação, subir além do teto pode levar ao estol e à perda de controle.

Nos negócios, crescer além do limite pode gerar:

- Falta de caixa para sustentar a operação.
- Perda de clientes por falhas na entrega.
- Endividamento caro para manter o ritmo.
- Colapso da estrutura interna.

Como "subir mais" com segurança:

Se o piloto quer voar mais alto, ele precisa de:

- **Motores mais potentes** (na empresa: processos mais eficientes, equipe treinada, tecnologia).
- **Mais combustível** (na empresa: capital de giro robusto).
- **Planejamento de rota** (na empresa: estratégia clara e metas realistas).

Isso significa que, para aumentar o teto da sua empresa, você precisa **investir antes de tentar subir**.

A importância da margem de segurança:

Nenhum piloto voa colado no teto máximo. Ele mantém uma **altitude de reserva** para lidar com turbulências, desvios e emergências.

Na empresa, isso significa **não operar no limite do caixa, da produção ou da equipe** — sempre ter folga para absorver imprevistos.

Crescer é como ganhar altitude. Mas todo avião tem um teto máximo — e toda empresa também.

O segredo não é tentar ultrapassá-lo a qualquer custo, mas **saber onde ele está, operar com segurança e, quando quiser subir mais, preparar a aeronave para isso**.

Manual de Voo

Procedimentos para estabilizar a aeronave (empresa) em situação de emergência:

"Quando os alarmes soam no cockpit, não é hora de improvisar. É hora de abrir o Manual de Voo e seguir o checklist. No comando da sua empresa, é igual: em momentos críticos, você precisa de um roteiro claro para estabilizar."

Passo 1 – Diagnóstico preciso

O que fazer:
Liste todos os "alertas no painel" — problemas visíveis e mensuráveis:
queda de vendas, atrasos, reclamações, caixa baixo, aumento de custos, perda de fornecedores, rotatividade de equipe.

Como classificar:

- **Gravidade:** ameaça direta à sobrevivência (ex.: falta de caixa para pagar salários, perda de cliente-chave, risco jurídico iminente).

- **Urgência:** precisa de ação imediata para não virar grave (ex.: queda repentina nas vendas, atraso em entrega crítica).

Dica: Algo pode ser grave sem ser urgente (estrutura de custos insustentável que ainda não estourou) e urgente sem ser grave (cliente irritado que pode ser acalmado com uma ligação).

Causa x Sintoma:

- **Causa:** problema raiz que, se resolvido, elimina outros (ex.: processo comercial ineficiente → queda de vendas → caixa baixo).

214

- **Sintoma:** consequência visível de uma causa (ex.: caixa baixo por vendas fracas ou inadimplência alta).

Pergunta-chave:

"Se eu resolver isso, outros problemas também desaparecem?" Se sim, é causa. Se não, é sintoma.

Passo 2 – Priorizar o que mantém no ar

O que fazer:
Atacar primeiro o que pode derrubar a empresa rapidamente:

- Garantir fluxo mínimo de caixa.
- Manter clientes ativos satisfeitos.
- Cumprir obrigações legais e fiscais.

Exemplo prático: Negociar prazos com fornecedores para evitar interrupção de operação, mesmo que isso signifique adiar investimentos.

Passo 3 – Ajustar a rota gradualmente

O que fazer: Usar a lógica da **radial**: se o caminho atual está com turbulência, mude o alinhamento estratégico para outro que leve ao mesmo destino.

Exemplo prático:

- Trocar fornecedor instável por outro confiável.
- Alterar mix de produtos para itens de maior margem.
- Reposicionar preços para manter competitividade.

Pequenas correções constantes são mais seguras do que mudanças bruscas.

Passo 4 – Monitorar instrumentos constantemente

O que fazer:
Acompanhar diariamente os indicadores-chave:

- **Caixa** (combustível).
- **Vendas** (potência dos motores).
- **Qualidade/entrega** (altitude estável).
- **Satisfação do cliente** (rumo correto).

Exemplo prático:

Criar um painel simples (mesmo que em planilha) e revisar todo dia antes de tomar decisões.

Passo 5 – Engajar a tripulação

O que fazer:

- Comunicar a situação e o plano à equipe.
- Delegar tarefas críticas para não sobrecarregar o "piloto".
- Manter todos alinhados com prioridades claras.

Exemplo prático: Reuniões curtas e objetivas no início do dia para alinhar metas e responsabilidades.

O Manual de Voo não é para ser lido só na crise — ele deve estar sempre à mão. Quanto mais você treinar seguir o checklist, mais rápido e seguro será estabilizar a aeronave quando os alarmes soarem. Depois de estabilizar, aí sim é hora de pensar em subir para o próximo nível de voo.

A Decolagem e o Início da Emergência

Voo SU1492 da Aeroflot

Parte 1 – A Decolagem e o Impacto

Às 18h02 e 23 segundos,

o Sukhoi Superjet 100, voo SU1492 da Aeroflot, inicia sua corrida de decolagem pela pista 24C do Aeroporto Internacional de Sheremetyevo, em Moscou. A bordo, 73 pessoas — passageiros e tripulantes — seguem rumo a Murmansk, no norte da Rússia.

O céu está carregado. A meteorologia indica uma tempestade ativa sobre a região, movendo-se em direção nordeste. O radar meteorológico de solo já mostra que o avião está entrando em uma área de instabilidade severa.

18h07,

o jato segue o perfil da SID (Standard Instrument Departure), inicialmente na proa 268°, depois ajustando para 327°. Tudo parece sob controle.

18h08 e 3 segundos,
cruzando 8.600 pés em subida para o nível de voo FL110 (11 mil pés), um ruído seco e metálico é registrado pelo gravador de voz da cabine. Um raio atinge a aeronave.

Imediatamente, o sistema de controle de voo fly-by-wire (FBW) emite um alarme auditivo:
"Direct mode... Direct mode..."

O sistema saiu do modo normal.

Em condições normais, o FBW atua como um filtro inteligente entre os comandos do piloto e os atuadores, suavizando manobras e garantindo estabilidade.
No modo direto, essa proteção desaparece. Cada movimento do sidestick é transmitido diretamente aos controles de voo, sem correção automática.
O comandante desacopla o piloto automático e desengata o autothrottle — o sistema que regula Automaticamente a potência dos motores.

A partir desse momento, tudo passa a ser controlado manualmente. O gravador de dados registra comandos abruptos e intermitentes no sidestick. A aeronave começa a apresentar dificuldade de estabilização. O voo, até então suave, torna-se errático.

18h08 e 32 segundos
a tripulação decide retornar e declara PAN-PAN — uma emergência menos grave que o MAYDAY. Mas o rádio falha. O primeiro oficial insere o código 7600 no transponder, indicando falha de comunicação. O controle de tráfego aéreo tenta contato por outras vias.

Segundos depois, o contato é restabelecido via rádio número 2, na frequência de emergência 121.50 MHz.

O comandante informa:

"Controle Moscou, solicitamos retorno. Perdemos o rádio e o avião está em modo direto."

O Superjet 100 começa a ser vetorado para interceptar a radial de aproximação ao ILS da pista 24 esquerda.

O comandante chama a comissária-chefe e afirma com firmeza:

"Não estamos em emergência. Estamos apenas retornando."

18h12 e 47 segundos,

o avião inicia curva para a proa 140º, conforme instruções do ATC.

A torre pergunta se é necessário providenciar assistência.

O comandante responde:

"Não é necessário. Tudo segue dentro do padrão."

Mas o padrão já havia sido quebrado.

18h13, o comandante solicita a leitura do checklist para o modo direto.

O primeiro oficial (copiloto) inicia, porém, é interrompido pelo controle, em seguida retoma.

O checklist traz instruções cruciais:

- Não usar o autothrottle.
- Voar com suavidade.
- Compensar manualmente — ajustar constantemente a atitude da aeronave.
- Usar flap 3 — configuração intermediária que oferece sustentação sem comprometer controle.

- Velocidade de aproximação: Vref + 10 — margem para lidar com ventos cruzados e tesoura de vento.
- Distância de pouso multiplicada por 1,34 — se a pista exige 1.500 metros, agora são necessários 2.010.
- Comandar o speed brake manualmente após o toque.

18h17,
o primeiro oficial informa que ainda não estão prontos para o pouso e solicita permanecer no circuito de espera.

18h23,
avisam que estão prontos.
A aeronave está configurada: trem de pouso baixado, flap 3 estendido.

18h26, o transponder é ajustado para o código 7700 — emergência total.

Parte 2 – A Aproximação e o Voo Fugóide

A aproximação começa. O vento é informado como 160° a 13 nós, com rajadas de 20.
Mas, já na final, o vento real é de 190° a 30 nós — cruzado, forte e instável.

A aeronave está difícil de controlar. Os dados mostram que, se o comandante relaxa o sidestick, o avião mergulha. Ele precisa puxar constantemente para manter o nariz elevado.

O voo entra em padrão fugóide — uma oscilação de longo período entre altitude e velocidade.
O fugóide é um modo instável, onde a aeronave sobe e desce alternadamente, trocando energia cinética por energia potencial.

Em aeronaves com fly-by-wire, essas oscilações são corrigidas automaticamente. Sem ele, o piloto precisa compensar manualmente — exigindo precisão, calma e treinamento.

A tripulação repassa o checklist:

- Não usar o autothrottle.
- Voar com suavidade.
- Compensar manualmente.
- Usar flap 3.
- Comandar o speed brake manualmente após o toque.

Mas voar com suavidade exige estabilidade — e a aeronave não está estável.

O vento cruzado aumenta. A pista está alinhada a 024°, enquanto as rajadas vêm de 190°. A aeronave luta contra a tesoura de vento.

O voo oscila: sobe, perde velocidade; desce, ganha velocidade. O comandante tenta domar a instabilidade com ajustes manuais no sidestick.

Os dados da caixa preta mostram comandos intermitentes e abruptos.

A aproximação é tensa, e a aeronave parece resistir ao pouso.

Parte 3 – O Pouso e a Tragédia
18h30,

o Sukhoi Superjet 100 cruza a cabeceira da pista 24L.

O toque é duro. A aeronave quica. Uma, duas, três vezes.
No terceiro impacto, a fuselagem traseira cede. O trem de pouso colapsa.

O combustível se espalha. Uma faísca. Um clarão.
O fogo irrompe violentamente, consumindo a parte traseira.

A cabine enche de fumaça. Passageiros correm para as saídas dianteiras.

Alguns tentam pegar bagagens. Outros hesitam. Gritos. Desespero.

Em menos de dois minutos, o incêndio toma conta da aeronave. Quarenta e uma vidas não chegam ao destino.

O relatório oficial apontou falhas técnicas, sim. Mas revelou que muitos fatores estavam ao alcance da tripulação:

- O fly-by-wire foi desativado, e com ele, as proteções automáticas.
- O autothrottle foi desligado, exigindo controle manual da potência — mal gerenciado.
- O checklist foi lido, mas nem todas as instruções foram seguidas com disciplina.
- A aproximação foi feita com excesso de energia, sem estabilização adequada.
- O speed brake não foi acionado manualmente após o toque.
- A comunicação com a torre foi subestimada — o comandante afirmou que não havia emergência, mesmo com múltiplos sistemas degradados.

Tudo o que este livro ensina — monitoramento constante, uso dos instrumentos, respeito aos limites, disciplina operacional, leitura de indicadores, gestão de risco, liderança ativa — foi ignorado ou desativado naquele voo.

O Sukhoi Superjet 100 não caiu por falta de tecnologia. Ele caiu porque, em meio à pressão, o comandante desligou o sistema que poderia protegê-lo.

Na sua empresa, você é esse sistema. **Você é o fly-by-wire.**

Se parar de monitorar, ignorar os alertas ou tomar decisões impulsivas, sua operação pode entrar em modo fugóide — oscilando entre altos e baixos até que o impacto seja inevitável.

Liderar é manter o voo estável, mesmo quando tudo parece instável. E isso começa com disciplina, atenção e coragem para seguir o manual — mesmo quando o mundo lá fora está em tempestade.

Lições do Voo SU1492 – O Manual Ignorado

O acidente do Sukhoi Superjet 100, voo SU1492, não foi apenas uma tragédia aérea — foi um retrato fiel do que acontece quando o manual é ignorado, os sistemas são desativados e o comandante perde o domínio da operação.

A seguir, apresento um checklist extraído das falhas operacionais apontadas no relatório oficial, adaptado para o contexto empresarial. Cada item representa uma lição que poderia ter evitado o desastre — e que pode evitar o colapso de uma empresa.

Checklist de Liderança – *O que estava ao alcance da tripulação*

Situação no voo	Equivalente na empresa	Lição para o líder
Fly-by-wire desativado	Ignorar sistemas de controle e indicadores	Nunca desligue seu monitoramento. Os dados são sua proteção.
Autothrottle desligado	Controle manual de recursos sem planejamento	Automatize o que puder, mas saiba operar com precisão quando necessário.
Voo fugóide (oscilatório)	Crescimento instável, sem sustentação	Estabilize antes de crescer. Oscilar entre altos e baixos desgasta a estrutura.
Checklist lido, mas não seguido	Planejamento ignorado na execução	Ler o plano não basta — é preciso aplicar com disciplina.

Situação no voo	Equivalente na empresa	Lição para o líder
Comunicação subestimada	Falta de alinhamento com equipe e parceiros	Comunique com clareza. Não minimize riscos.
Aproximação com excesso de energia	Decisões impulsivas sem avaliar impacto	Reduza a velocidade antes de tocar o chão. Crescer rápido demais pode destruir.
Speed brake não acionado	Falta de ação crítica no momento certo	Conheça seus sistemas. Aja com precisão nos momentos decisivos.

Reflexão final:
O SU1492 não caiu por falta de tecnologia. Ele caiu porque, em meio à pressão, **o comandante ignorou os sistemas que poderiam protegê-lo**.

Na sua empresa, você é esse comandante. E o manual está nas suas mãos.

Se você seguir o checklist, monitorar os instrumentos, respeitar os limites e liderar com atenção e disciplina, sua aeronave empresarial pode enfrentar tempestades, ventos cruzados e até falhas — mas ainda assim pousar em segurança.

Aplicação prática:

- Imprima este painel e mantenha visível em seu espaço de trabalho.

- Revise semanalmente: qual sistema você está ignorando?

- Compartilhe com sua equipe: todos devem entender o papel que desempenham no voo empresarial.

CTI – Controle de Tráfego Interior
A Voz Que Mantém o Rumo

Na aviação, nenhum piloto decola sem um plano de voo. Mas tão importante quanto o plano é a confiança no **Controle de Tráfego Aéreo (CTA)** — aquela voz que o piloto não vê, mas que o orienta, corrige e mantém seguro na rota.

Na vida esse controle invisível é o **desejo ardente**, a força que sustenta o planejamento quando a execução se torna difícil e as nuvens encobrem a visão.

Você pode ter um plano impecável, metas claras, indicadores bem definidos e estratégias sólidas. Mas se não houver **desejo aplicado insistentemente**, tudo não passará de papel arquivado.

É o desejo que transforma briefing em ação, e debriefing em aprendizado. É ele que mantém a disciplina de revisar os instrumentos, corrigir o rumo e insistir no destino, mesmo quando a turbulência ameaça.

Napoleon Hill disse:

"O ponto de partida de toda conquista é o desejo."

E acrescentava que não se trata de um desejo qualquer, mas de um **desejo ardente, persistente, inegociável**. Esse é o empuxo invisível que conecta planejamento, briefing e debriefing em um ciclo contínuo de evolução.

Assim como na cabine de comando, onde cada voo é preparado, executado e revisado, no negócio cada objetivo precisa ser planejado, acompanhado e ajustado. O briefing alinha a tripulação antes da decolagem. O debriefing garante que cada experiência, seja sucesso ou falha, se transforme em aprendizado para o próximo voo.

No fim, o que separa quem chega ao destino de quem se perde no ar não é apenas a qualidade do plano, mas a **determinação de segui-lo com disciplina e desejo**. Porque, na aviação, na vida e nos negócios, **não basta voar — é preciso voar certo, com propósito e com fé no controle invisível que guia a rota**.

"Planejamento é o mapa. Briefing é a decolagem. Debriefing é o aprendizado. Mas é o desejo ardente que mantém a aeronave no ar até o destino."

Ponto Delta – Decolagem e Investidura

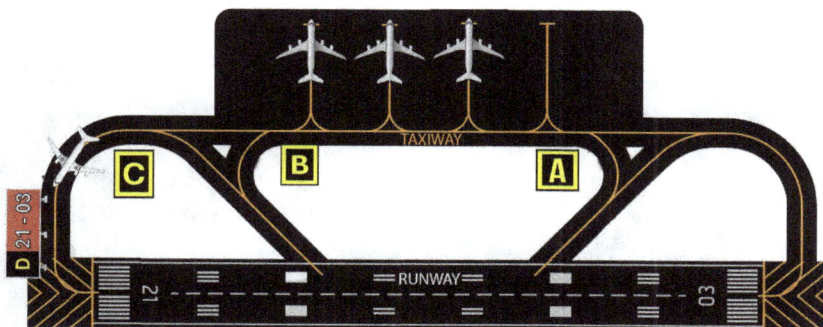

Empresarial-01:

Torre, Empreendedor01, ponto de espera da pista dois um, pronto para decolagem.

Torre:

Empresarial-01, autorizado ingressar na pista, aguarde para decolagem.

Empresarial-01

Alinhar e manter, pista dois um, Empresarial-01

Torre:

Empresarial-01, mantenha posição. Aguardando liberação para decolagem. Ainda há ajustes finais antes da entrega do crachá de Comandante. Permaneça alinhado. O próximo chamado será decisivo.

Gestão de Risco e Cenários

O Aeródromo Alternativo

"Comandante, o aeroporto de destino fechou por mau tempo. Precisamos alternar."

O piloto respira fundo.

O plano de voo estava perfeito, mas a realidade mudou.

Ele não entra em pânico. Já havia previsto um **aeroporto alternativo**.

Ajusta a rota, comunica a torre e segue em segurança.

Na aviação, isso não é improviso. É **planejamento de risco**.

No mundo dos negócios, o "aeroporto alternativo" é o **plano B**.

É a reserva de caixa, o fornecedor de backup, o canal de vendas extra, a estratégia de contingência. Empresas que não preveem riscos acabam como aeronaves sem alternado: quando o destino fecha, não há para onde ir.

Gestão de risco não é pessimismo, é **profissionalismo**.

- **Identificar riscos:** Quais turbulências podem surgir? (mercado retraído, fornecedor que atrasa, cliente que não paga).

- **Avaliar impacto:** Qual o efeito de cada risco no voo (empresa)?

- **Definir respostas:** Evitar, reduzir, transferir ou aceitar o risco.

- **Preparar cenários:** Ter rotas alternativas prontas para execução.

Durante a pandemia, muitas empresas que dependiam apenas de lojas físicas fecharam as portas.

Já aquelas que tinham **e-commerce estruturado** ou reservas de caixa conseguiram alternar a rota e sobreviver.

Não foi sorte. Foi **planejamento de risco**.

Checklist – O Aeródromo Alternativo

1. Tenho **reserva de caixa** para pelo menos 3 meses de operação?

2. Tenho **fornecedores alternativos** para insumos críticos?

3. Tenho **canais de vendas diversificados** (físico, digital, parceiros)?

4. Tenho **planos de contingência** para crises de mercado ou tecnologia?

5. Minha equipe sabe **qual é o plano B** em caso de emergência? Será que eu mesmo sei qual é o Plano B?

"Na aviação decolar sem alternado pode terminar como o voo da LaMia."

Tomada de Decisão sob Pressão

O OODA Loop do Comandante

"Comandante, pane no motor esquerdo!"

Em segundos, o cockpit se transforma em um ambiente de pressão máxima.

Não há tempo para longas análises.

O comandante segue o protocolo:

Observar, Orientar, Decidir e Agir.

Essa sequência, conhecida como **OODA Loop**, foi criada pelo coronel John Boyd, piloto de caça da Força Aérea dos EUA, para que decisões críticas fossem tomadas mais rápido que o inimigo.

Hoje, é aplicada não só em combates aéreos, mas também em empresas, negociações e gestão de crises.

No mundo dos negócios, a pressão é constante: concorrência agressiva, mudanças de mercado, crises inesperadas. Assim como no cockpit, o gestor precisa de um **processo mental estruturado** para decidir rápido, sem perder a clareza.

O OODA Loop é esse processo:

1. **Observar** – coletar informações.
2. **Orientar** – interpretar e contextualizar.
3. **Decidir** – escolher a melhor ação.
4. **Agir** – executar e monitorar.

E o ciclo se repete, continuamente.

Explicação conceitual

- **Observar:** captar dados do ambiente (indicadores, clientes, concorrência, mercado).
- **Orientar:** interpretar os dados à luz da experiência, cultura e contexto.
- **Decidir:** escolher uma ação clara, mesmo sem todas as informações.
- **Agir:** executar rapidamente, avaliando os resultados e reiniciando o ciclo.

O segredo não é apenas decidir certo, mas **decidir mais rápido que o problema cresce** — ou mais rápido que o concorrente reage.

Uma rede de restaurantes percebeu queda brusca no movimento durante a pandemia.

- **Observar:** clientes com medo de sair de casa.
- **Orientar:** entender que a demanda migrou para delivery.
- **Decidir:** investir imediatamente em aplicativos de entrega.
- **Agir:** criar cardápios adaptados e promoções online.

Enquanto concorrentes demoraram meses para reagir, essa rede manteve o faturamento e até cresceu. Não foi sorte. Foi **OODA Loop aplicado**.

Checklist – OODA Loop Empresarial

1. Estou **observando** os sinais do mercado em tempo real?
2. Estou **orientando** os dados com base em contexto e experiência?
3. Estou **decidindo** rápido, sem paralisar pela falta de certeza absoluta?
4. Estou **agindo** e monitorando os resultados para ajustar o ciclo?

"Na aviação e nos negócios, não vence quem sabe mais, mas quem decide mais rápido e ajusta em voo."

Liderança e Cultura Organizacional

A Tripulação Alinhada

Comandante:

- Todos os sistemas estão estáveis. Tripulação alinhada, passageiros tranquilos.

O comandante sorri.

Não é apenas a aeronave que voa bem, mas a **equipe que trabalha em harmonia**.

Na aviação, uma tripulação desalinhada pode transformar um voo simples em um desastre.

No mundo dos negócios, acontece o mesmo: **sem liderança clara e cultura organizacional sólida, a empresa perde altitude.**

A tripulação é reflexo do comandante.

- Se o líder inspira confiança, a equipe atua com segurança.

- Se o líder é autoritário ou ausente, surgem falhas de comunicação, conflitos e erros.

- A cultura organizacional é como o **manual de conduta da cabine**: define como todos se comportam, mesmo sob pressão.

Assim como na aviação existe o **CRM (Crew Resource Management)** para alinhar comunicação e decisões, nas empresas a liderança precisa criar uma cultura de **cooperação, clareza e confiança**.

- **Liderança não é cargo, é influência.** O comandante pode ter autoridade formal, mas só lidera de fato se inspira e engaja.

- **Cultura organizacional é o "ar" que todos respiram.** Ela molda comportamentos, decisões e até a forma como crises são enfrentadas.

- **Alinhamento é vital.** Uma equipe desalinhada gera ruído, retrabalho e perda de eficiência.

Em 1977, o acidente de Tenerife — o maior da história da aviação — ocorreu em parte por **falha de comunicação e hierarquia rígida**: copilotos perceberam o erro, mas não tiveram voz diante do comandante.

No mundo corporativo, empresas também caem quando colaboradores não têm espaço para falar, questionar ou propor soluções. Por outro lado, organizações que cultivam **cultura de diálogo e liderança servidora** conseguem inovar, corrigir erros rapidamente e manter a motivação da equipe.

Checklist – A Tripulação Alinhada

1. O líder comunica **claramente** os objetivos e expectativas?
2. Existe **confiança** para que todos possam falar sem medo?
3. A cultura valoriza **aprendizado contínuo** e não apenas resultados imediatos?
4. A equipe sente que faz parte de um **propósito maior**?
5. O líder dá **exemplo prático** do comportamento esperado?

"Na cabine ou na empresa, liderança é transformar autoridade em confiança, e cultura em combustível coletivo."

Fly-by-Wire Empresarial

"Comandante, os comandos manuais estão instáveis. Ativando fly-by-wire."

O avião passa a responder com suavidade. O sistema eletrônico interpreta os movimentos do piloto, corrige desvios e evita manobras perigosas.

O **fly-by-wire** revolucionou a aviação: substituiu cabos e polias por sistemas digitais que ampliam a segurança e a eficiência.

No mundo dos negócios, a inovação e a tecnologia cumprem o mesmo papel: **não substituem o gestor, mas ampliam sua capacidade de decisão e reduzem riscos.**

Assim como o fly-by-wire:

- **Filtra erros humanos** (impede que o piloto force além dos limites da aeronave).
- **Aumenta a precisão** (respostas mais rápidas e suaves).
- **Permite voos mais ousados** (aeronaves maiores, mais leves e eficientes).

Nas empresas, a tecnologia e a inovação:

- Automatizam processos repetitivos.
- Fornecem dados em tempo real para decisões mais seguras.

234

- Criam novos modelos de negócio e oportunidades de crescimento.

Inovação não é luxo, é sobrevivência. Empresas que não inovam ficam obsoletas.

- **Tecnologia é alavanca.** Sistemas de gestão, inteligência artificial, automação e análise de dados permitem escalar com eficiência.

- **Gestor + tecnologia = fly-by-wire.** O humano mantém o comando, mas com apoio de sistemas que previnem erros e ampliam a visão.

A Netflix começou como locadora de DVDs pelo correio. Ao perceber a mudança no comportamento do consumidor, **migrou para streaming** antes dos concorrentes.

Esse "fly-by-wire" tecnológico não apenas evitou a queda, mas a transformou em líder global. Já a Blockbuster, que ignorou a inovação, caiu como uma aeronave sem sistemas de apoio.

Checklist – O Fly-by-Wire Empresarial

1. Minha empresa usa **sistemas de gestão integrados** (ERP, CRM, BI)?
2. Estou **automatizando processos repetitivos** para liberar tempo da equipe?
3. Tenho **dados confiáveis em tempo real** para tomar decisões?
4. Estou atento a **novos modelos de negócio** que a tecnologia possibilita?
5. Minha equipe está **treinada para usar e confiar nos sistemas**?

"Na aviação e nos negócios, tecnologia não substitui o comandante. Mas sem ela, o voo é mais arriscado e limitado."

Gestão Financeira

A Pressurização da Cabine

"Comandante, sistema de pressurização estável, cabine segura."

Nenhum avião voa em grandes altitudes sem um sistema de pressurização funcionando perfeitamente. É ele que mantém a vida a bordo, mesmo quando o ambiente externo se torna hostil.

No mundo dos negócios, a gestão financeira cumpre esse papel invisível e essencial.

Sem ela, não importa quão moderno seja o avião (empresa), quão bem treinada esteja a tripulação (equipe) ou quão claro seja o plano de voo (estratégia). A operação pode até decolar, mas não se sustenta — e pode colocar todos em risco.

- **Pressurização = Fluxo de caixa.**

  Mantém a estabilidade interna mesmo em ambientes econômicos adversos.

- **Vazamento = Descontrole de custos.**

  Pequenas falhas podem comprometer toda a operação.

- **Sistema de backup = Reservas financeiras.**

  Sem elas, qualquer falha pode se tornar fatal.

- **Sensores = Indicadores financeiros.**

  Precisam ser monitorados em tempo real para evitar descompressão súbita.

Assim como o piloto confia nos sistemas invisíveis que mantêm a cabine segura, o gestor precisa confiar — e cuidar — da saúde financeira da empresa com disciplina e atenção constante.

- **Fluxo de caixa é oxigênio.**
  Lucro contábil não paga contas; quem paga é o caixa.

- **Credibilidade no mercado é altitude segura.**
  Crédito só existe para quem inspira confiança.

- **Margens saudáveis são o ar que se respira.**
  Sem elas, a empresa sufoca.

- **Reservas são o plano B.**
  Empresas sólidas mantêm caixa para emergências, como aeronaves levam sistemas redundantes.

Uma empresa de tecnologia crescia em vendas, mas ignorava a pressurização: fluxo de caixa descontrolado, crédito mal gerido, reservas inexistentes. Resultado: descompressão súbita — quebrou com lucro no papel.

Já outra, menor, mantinha a cabine estável: caixa controlado, custos ajustados, crédito bem cuidado. Sobreviveu à crise e depois comprou concorrentes em queda livre.

Checklist – A Pressurização da Cabine

1. Tenho fluxo de caixa projetado para os próximos 3 a 6 meses?
2. Minha empresa possui reserva de emergência para pelo menos 3 meses de operação?
3. Estou controlando margens de lucro e não apenas volume de vendas?
4. Tenho linhas de crédito disponíveis em caso de turbulência?
5. Minha credibilidade no mercado é suficiente para obter crédito quando necessário?

"Na aviação e nos negócios, não é a falta de altitude que sufoca — é a falha na pressurização".

Clientes como Passageiros

A Experiência de Bordo

— *"Senhores passageiros, sejam bem-vindos a bordo. Nossa tripulação fará de tudo para que tenham uma viagem segura e agradável."*

Essa frase, repetida em milhares de voos todos os dias, carrega uma verdade simples: **o passageiro é o centro da experiência**.

No mundo dos negócios, o cliente ocupa o mesmo lugar. Ele não é apenas alguém que paga a passagem (produto ou serviço), mas o verdadeiro motivo da empresa existir.

- **Passageiros = Clientes.** Sem eles, não há voo.
- **Tripulação = Equipe de atendimento.** São a face da empresa, responsáveis por transmitir confiança e cuidado.
- **Experiência de bordo = Jornada do cliente.** Do embarque (primeiro contato) ao pouso (pós-venda), cada detalhe conta.

- **Satisfação = Fidelização.** Passageiros satisfeitos voltam a voar com a mesma companhia; clientes satisfeitos voltam a comprar da mesma empresa.
- **Experiência é mais que produto.** O cliente não compra apenas o que você vende, mas como você entrega.
- **CRM como cabine de comando.** Monitorar preferências, histórico e necessidades é essencial para personalizar o atendimento.
- **Encantamento gera fidelização.** Um cliente encantado se torna promotor da marca, recomendando-a espontaneamente.
- **Falhas de bordo custam caro.** Um atraso mal comunicado ou um atendimento frio pode comprometer toda a jornada.

Companhias aéreas que investem em experiência de bordo — conforto, atendimento atencioso, comunicação clara — conquistam passageiros fiéis, mesmo em mercados competitivos.

Da mesma forma, empresas que tratam cada cliente como passageiro especial criam vínculos emocionais. Um exemplo clássico é a **Disney**, que transforma cada interação em experiência memorável, fazendo com que clientes retornem e recomendem.

Checklist – A Experiência de Bordo

1. Minha empresa trata cada cliente como **passageiro único**?
2. Tenho **mapa da jornada do cliente** (do primeiro contato ao pós-venda)?
3. Minha equipe está treinada para **encantar, não apenas atender**?
4. Uso **CRM** para personalizar a experiência?
5. Estou medindo **satisfação e fidelização** (NPS, taxa de recompra, avaliações)?

"Na cabine ou na empresa, não basta levar o passageiro ao destino. É preciso fazê-lo querer voar de novo com você."

Governança e Ética

O Voo Legal

"Comandante, rota autorizada. Mas atenção: precisamos seguir todas as normas de tráfego aéreo."

O piloto sabe: não basta ter combustível, tripulação e destino.

É preciso respeitar as **regras do espaço aéreo**.

No mundo dos negócios, essas regras são a **governança e a ética**.

Sem elas, a empresa pode até decolar, mas corre o risco de ser abatida por irregularidades, escândalos ou perda de credibilidade.

- **Governança = Torre de Controle.** Define regras, garante transparência e coordena o tráfego.

- **Ética = Rotas permitidas.** Nem todo atalho é seguro; alguns levam a áreas proibidas.

- **Compliance = Plano de voo homologado.** Sem ele, a operação pode ser considerada ilegal.

Assim como nenhum piloto arrisca voar em espaço aéreo restrito, o gestor não pode ignorar princípios éticos e de governança.

- **Governança corporativa** é o sistema pelo qual as empresas são dirigidas e controladas, garantindo transparência, equidade, prestação de contas e responsabilidade corporativa.

- **Ética empresarial** é a base da confiança: define como a empresa se relaciona com clientes, fornecedores, colaboradores e sociedade.

- **Compliance** é a prática de alinhar processos e condutas às normas legais e regulatórias.

Sem governança e ética, não há credibilidade. E sem credibilidade, não há crédito, clientes ou futuro.

Exemplo prático

Casos de corrupção e fraudes corporativas já derrubaram gigantes. Empresas que ignoraram a ética perderam valor de mercado, confiança de investidores e até licenças para operar. Por outro lado, organizações que adotaram **códigos de conduta claros, conselhos independentes e transparência** conquistaram longevidade e reputação sólida.

Checklist – O Voo Legal

1. Minha empresa possui um **código de ética** claro e aplicado?
2. Existe **transparência** nas decisões e prestação de contas?
3. Há **conselho ou instância de governança** que fiscaliza e orienta a gestão?
4. Os colaboradores entendem e praticam os **valores da empresa**?
5. Estamos preparados para **auditorias e fiscalizações** sem medo?

"Na aviação e nos negócios, não é a velocidade que garante o destino, mas a rota legal e segura."

Resiliência e Antifragilidade

O Voo com Vento de Proa

"Comandante, estamos enfrentando vento de proa intenso."

O piloto ajusta os parâmetros. Reduz ligeiramente a potência, mantendo a altitude e o rumo.

A aeronave perde velocidade relativa ao solo, mas permanece estável e segura.

Assim é a resiliência: não é acelerar contra tudo, mas saber ajustar, compensar e seguir firme — mesmo quando o vento vem de frente.

Mas existe algo além.

Algumas aeronaves não apenas resistem ao vento de proa — elas ganham sustentação com ele.

Esse é o conceito de **antifragilidade**, cunhado por Nassim Nicholas Taleb: sistemas que não apenas sobrevivem ao estresse, mas se fortalecem com ele.

- **Frágil**: como uma taça de cristal, quebra com o impacto.
- **Resiliente**: como uma mola, suporta a pressão e volta ao estado original.
- **Antifrágil**: como o músculo humano, que se fortalece com o esforço e o estresse.

Na aviação, o vento de proa pode aumentar o consumo de combustível, mas também gera sustentação extra — permitindo decolagens mais curtas e pousos mais seguros.

Nos negócios, crises e turbulências podem ser destrutivas para os frágeis, suportáveis para os resilientes e oportunidades de crescimento para os antifrágeis.

- **Resiliência**: capacidade de resistir e se recuperar após choques.
- **Antifragilidade**: capacidade de se beneficiar do caos, da volatilidade e da incerteza.
- **Mentalidade antifrágil**: não apenas "sobreviver à crise", mas aprender, inovar e crescer com ela.

Taleb resume com uma metáfora poderosa:

"O vento que apaga uma vela é o mesmo que alimenta o fogo."

Durante a pandemia, muitas empresas fecharam:

- As frágeis quebraram diante da queda abrupta da demanda.
- As resilientes sobreviveram cortando custos e mantendo operações mínimas.
- As antifrágeis se reinventaram: restaurantes que criaram dark kitchens, academias que migraram para aulas online, indústrias que adaptaram linhas para produzir EPIs.

Essas não apenas resistiram — elas saíram mais fortes.

"Na aviação e nos negócios, o vento de proa pode atrasar os frágeis, cansar os resilientes, mas impulsiona os antifrágeis."

E é justamente esse vento — o de proa — que revela quem está pronto para voar além da média.

O comandante antifrágil não teme a resistência. Ele a reconhece como parte da rota, ajusta os controles, revisa os instrumentos e segue. Porque sabe que o voo mais memorável não é o que acontece em céu claro, mas aquele que atravessa nuvens densas e chega ao destino com mais força, mais visão e mais propósito.

O vento de proa não é obstáculo. É sustentação. É escola. É impulso.

Visão de Futuro

O Horizonte no Radar

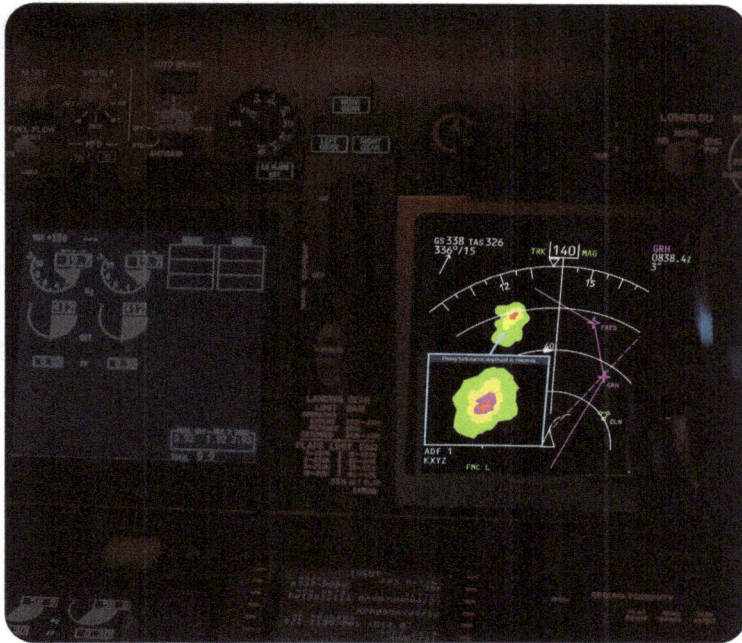

"Comandante, horizonte limpo nas próximas 200 milhas. Mas há formações de nuvens à frente, precisamos monitorar."

O radar não mostra apenas o que está acontecendo agora, mas também o que se aproxima.

No mundo dos negócios, essa é a **visão de futuro**: enxergar além do presente, antecipar tendências e preparar-se para cenários que ainda não chegaram.

- **Radar = Ferramenta de antecipação.** Mostra o que está além da visão imediata.
- **Horizonte = Futuro estratégico.** O destino que ainda não se vê a olho nu.

245 ✈

- **Nuvens no radar = Tendências e riscos.** Podem ser oportunidades ou ameaças.
- **Ajuste de rota = Estratégia de longo prazo.** Preparar-se antes de entrar na turbulência.

Assim como o piloto não voa apenas olhando pela janela, o gestor não pode guiar sua empresa apenas pelo presente.

É preciso **ler o radar do futuro**.

- **Visão estratégica:** pensar além do trimestre, projetando 3, 5 ou 10 anos.
- **Tendências de mercado:** tecnologia, comportamento do consumidor, mudanças regulatórias.
- **Inovação contínua:** adaptar-se antes que a mudança seja imposta.
- **Sustentabilidade e legado:** construir negócios que resistam ao tempo e deixem impacto positivo.

Empresas que anteciparam tendências prosperaram.

- A Tesla enxergou o futuro da mobilidade elétrica antes da maioria.
- A Amazon percebeu que o e-commerce seria dominante e investiu pesado em logística.
- Já empresas que ignoraram sinais — como a Kodak, que não acreditou no digital — ficaram para trás.

O radar estava lá. Algumas leram, outras ignoraram.

Checklist – O Horizonte no Radar

1. Minha empresa tem um **plano estratégico de longo prazo (3 a 5 anos)**?
2. Estou acompanhando **tendências de mercado e tecnologia** que podem impactar meu setor?
3. Tenho **processos de inovação contínua** para me adaptar antes da crise?

4. Estou construindo um negócio com **propósito e susten-tabilidade**?
5. Minha equipe compartilha a mesma **visão de futuro**?

"Na aviação e nos negócios, quem voa apenas olhando pela janela corre o risco de ser surpreendido. O radar mostra o futuro — cabe ao comandante ajustar a rota."

O Óbvio que Derruba e o Óbvio que Salva

Ninguém disse que seria fácil.

Tornar-se comandante de uma aeronave nunca foi fácil.

Tornar-se comandante de um negócio é ainda mais desafiador.

Muitos, ao lerem este livro, podem pensar: **"Mas isso que está aí escrito é óbvio."**

E é justamente aí que mora o perigo. Porque o óbvio só funciona quando é praticado.

Acerta quem reconhece o óbvio, mas erra quem não o aplica.

E, no mundo real, o que derruba empresas e carreiras não é a falta de grandes ideias — é a negligência com aquilo que estava na cara o tempo todo.

Na aviação, ninguém discute a importância de um checklist. Ele é óbvio. Mas basta um único item ignorado para transformar um voo em tragédia.

Nos negócios, acontece o mesmo: comunicação clara, planejamento, humildade, disciplina. Tudo isso parece óbvio. Mas quando deixamos de aplicar, o resultado é turbulência, perda de rumo e, muitas vezes, impacto inevitável.

O óbvio, portanto, não é banal. É essencial.

E se este livro serviu para alguma coisa, foi para lembrar que o que mantém um voo — ou uma empresa — no ar não são manobras mirabolantes, mas a prática consistente do que já sabemos que funciona.

O óbvio nem sempre é tão óbvio. Mas é sempre decisivo.

248

Última Perna do Voo

O Comandante Invisível

Motores desacelerando, aeronave em aproximação final.

Ao longo destas páginas, você percorreu uma jornada que não é apenas teórica, mas profundamente prática e simbólica.

Começou como Piloto Privado Empresarial, aprendendo a olhar para os indicadores da própria saúde física, mental e emocional como quem observa o painel de uma cabine. Descobriu que foco, fé e desejo são o combustível invisível que dá sustentação a qualquer jornada.

Evoluiu para **Piloto Comercial Empresarial**, dominando os sistemas da cabine: CRM, crédito e credibilidade, planejamento, briefing e debriefing, rotas alternativas, manuais de emergência e lições de acidentes que nunca deveriam ser esquecidas.

E, finalmente, após a decolagem, assumiu o posto de **Comandante**. O comandante que não apenas pilota, mas lidera. Que não apenas reage, mas antecipa. Que não apenas sobrevive, mas constrói futuro.

Como comandante, você aprendeu a gerir riscos, tomar decisões sob pressão, alinhar sua tripulação, confiar no fly-by-wire da inovação, cuidar do combustível financeiro, encantar passageiros, respeitar o voo legal da ética, transformar ventos contrários em sustentação e manter o horizonte sempre no radar.

Mas há algo que permanece invisível, e ainda assim essencial: o **controle de tráfego do desejo ardente**. Você não o vê, mas ele guia cada rota, sustenta cada manobra e mantém sua aeronave no ar quando tudo parece incerto.

E é esse desejo, aplicado com disciplina e fé, que transforma um simples plano em realidade.

Você não é mais apenas um empresário tentando decolar. Você é o **Comandante da sua própria aeronave empresarial**. E como todo comandante, sabe que o voo nunca termina: cada pouso é apenas o início de uma nova decolagem.

Quando você traduz conceitos técnicos da aviação — como **checklists, instrumentos, CRM, viabilidade, crédito e credibilidade** — em metáforas para a vida e os negócios, você cria um **painel de voo mental**.

E aí acontece algo poderoso:

- **O CDI/Localizer** vira o paralelo da rota estratégica → ele mostra se você está alinhado com o caminho certo ou se desviou.
- **O Heading Indicator** é o foco diário → para onde você está realmente apontando agora.
- **O checklist de viabilidade** é o filtro da realidade → não basta querer decolar, é preciso ter combustível, pista e condições.
- **O CRM** é a cultura de equipe → comunicação clara, humildade e colaboração para que ninguém voe sozinho.

Quando você aplica isso nos negócios, não tem como dar errado porque:

- Você **não depende só da intuição** (usa instrumentos).
- Você **não voa sozinho** (usa CRM).
- Você **não ignora o óbvio** (faz checklist).

- Você **não se perde em ego** (mantém Arrogância, Orgulho e Vaidade sob controle).

"Do piloto privado ao comandante, a jornada é de aprendizado, disciplina e desejo. No cockpit da empresa, você é quem segura os comandos — e o céu é apenas o começo."

Segurança, Estatísticas e Responsabilidade

Todos os dias, mais de 200 mil voos cruzam os céus do planeta. Isso significa que, em média, 70 aeronaves decolam a cada minuto. A aviação é, de longe, um dos meios de transporte mais seguros já criados: o número de acidentes gira em torno de um para cada 1,26 milhão de voos.

Mas quando um acidente acontece, ele ganha enorme repercussão. E ao analisarmos as causas, percebemos um padrão: na maioria dos casos, a falha não está apenas no piloto, mas no sistema que o cerca.

Pilotos são profissionais altamente treinados, submetidos a simuladores, checklists e protocolos rigorosos. Ainda assim, eles também são seres humanos — e muitas vezes carregam o peso de pressões invisíveis:

- Decisões de gestão que reduzem margens de segurança para cortar custos.

- Escalas exaustivas, que levam ao cansaço e comprometem a atenção.

- Cultura organizacional que valoriza mais a pontualidade do que a prudência.

- Falta de comunicação clara entre áreas da empresa, que deixa o piloto sem todas as informações necessárias.

Quando olhamos para os grandes acidentes da história da aviação, fica evidente que raramente se trata de um erro isolado de quem estava no comando da cabine. O que vemos é um acúmulo de falhas sistêmicas: decisões administrativas equivocadas, pressões comerciais, manutenção negligenciada, comunicação falha.

O piloto, nesse contexto, muitas vezes é o último elo da corrente — aquele que aparece nos noticiários, mas que na verdade estava tentando operar dentro de condições impostas por outros.

A lição para os negócios

Assim como na aviação, nas empresas o "piloto" — o gerente, o vendedor, o operador — nem sempre é o verdadeiro responsável pelo fracasso. Muitas vezes, ele apenas sofre as consequências de decisões estratégicas mal tomadas, metas irreais ou falta de recursos.

"Culpar o piloto é fácil. Difícil é reconhecer que, por trás de cada acidente, quase sempre existe uma gestão que falhou em criar as condições para um voo seguro."

ETAPA 3

Integração - Comandante

Etapas da Jornada: Do Solo ao Legado

Este livro foi construído como um plano de voo. Cada etapa representa uma fase essencial da jornada empresarial — e da própria vida.

Etapa 1 — Preparação: O Piloto Privado Empresarial

Você começou no solo, olhando para dentro. Aprendeu a cuidar da saúde física, mental e emocional como quem inspeciona os instrumentos antes da decolagem. Entendeu que foco, fé e desejo são forças invisíveis — como o ar que não enxergamos — mas que sustentam qualquer voo.

Etapa 2 — Domínio de Cabine: O Piloto Comercial Empresarial

Você entrou na cabine e passou a dominar os sistemas. Planejamento, briefing, debriefing, rotas alternativas, gestão de risco, tomada de decisão sob pressão, cultura organizacional, inovação e governança.

Cada conceito foi apresentado como um instrumento de voo — não apenas técnico, mas simbólico. Você aprendeu a ler o painel da empresa com clareza e a ajustar o rumo com precisão.

Etapa 3 — Integração: O Comandante

Agora, o voo deixa de ser solo e passa a ser coletivo.

Você não apenas pilota — você inspira.

A liderança se transforma em legado, e a governança em voo conjunto.

É aqui que se espera que você aplique o que aprendeu e, mais do que isso, retransmita.

Como um verdadeiro comandante, você compartilha rotas, ensina manobras e cultiva uma cultura de melhoria contínua.

Você opera com dashboards que revelam mais do que números — revelam impacto. E entende que cada decisão sua pode elevar outros ao céu.

Porque o voo mais alto não é aquele que você faz sozinho — é aquele que leva outros a voarem com você.

COMANDANTE

Seu voo é legado

Torre: Empresarial-01, autorizado para decolagem.

Receba agora seu crachá de Comandante.

Você não é mais apenas um piloto em instrução.

A partir deste momento, assume oficialmente o comando da aeronave empresarial.

Que seu voo seja próspero, ético e inspirador.

Faça dele um legado — e leve outros a voarem com você.

Empresarial-01:

Decolando pista dois um.

Obrigado, Torre.

Rumo ao destino, com disciplina, desejo e fé.

Pouso e Preparação para o Próximo Voo

O Céu é Seu

"O voo não termina aqui.
Cada decolagem é apenas o início de uma nova jornada.
O importante não é evitar turbulências, mas estar sempre pronto
para enfrentá-las com consciência, equilíbrio e coragem.
Seu painel está calibrado, sua tripulação confia em você.
Agora, siga em frente — o céu é seu."

Nota sobre as Imagens

Este livro utiliza imagens com fins ilustrativos e simbólicos, muitas delas criadas com o apoio de inteligência artificial ou adquiridas por meio de licenças oficiais no banco de imagens Adobe Stock.

Algumas representações visuais — especialmente de instrumentos aeronáuticos, aeronaves ou situações de voo — podem apresentar diferenças em relação aos modelos reais. Essas variações não comprometem o conteúdo técnico ou conceitual, pois foram pensadas para transmitir ideias, metáforas e analogias com clareza e impacto.

Toda imagem aqui presente tem como propósito **reforçar o entendimento**, **estimular a reflexão** e **conectar o leitor à narrativa visual da aviação aplicada aos negócios**.

A precisão absoluta dos detalhes técnicos não é o foco — o essencial é a mensagem que cada imagem carrega: **voar com propósito, disciplina e visão — na vida e nos negócios.**

Informações Técnicas complementares:

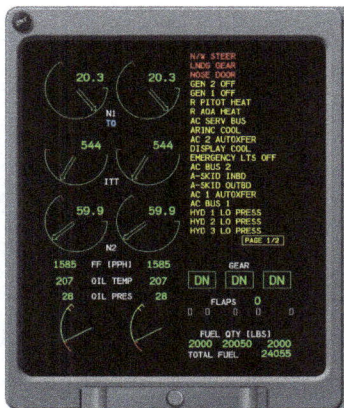

Por esta tela o Comandante pode observar vários parâmetros e alertas, incluindo:

Parâmetros do motor:

N1, ITT (EGT), N2: Rotações dos compressores e temperatura dos gases de escape.

FF (PPH): Fluxo de combustível em libras por hora.

OIL TEMP e OIL PRES: Temperatura e pressão do óleo.

Status de sistemas:

GEAR DN: Indica que o trem de pouso está baixado.

FLAPS: Posição dos flaps (indicando 0).

FUEL QTY (LBS): Quantidade de combustível nos tanques.

Alertas e avisos:

GEN 2 OFF e GEN 1 OFF: Geradores 1 e 2 desligados.

HYD 1 LO PRESS, HYD 2 LO PRESS, HYD 3 LO PRESS:
Baixa pressão nos sistemas hidráulicos 1, 2 e 3.

EMERGENCY LTS OFF: Luzes de emergência desligadas.

LNDG GEAR: Indica o status do trem de pouso.

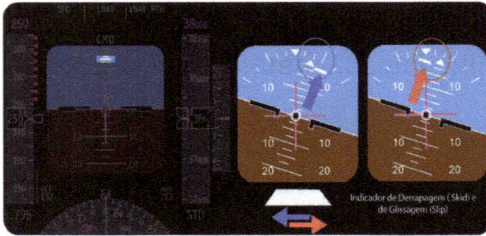

Indicador de Derrapagem (Skid) e de Glissagem (Slip)

Slip vs Skid — Curvas Descoordenadas na Aviação

Slip (Glissagem Interna)

Ocorre quando o piloto inclina a aeronave (bank) mas não aplica leme suficiente.

Resultado: a aeronave escorrega lateralmente para dentro da curva, como se estivesse "caindo" para o lado interno.

O indicador de curva se move para o mesmo lado da curva.

Causa: taxa de giro muito lenta para o ângulo de inclinação da aeronave.

Usado intencionalmente em manobras como *forward slip*, que serve para perder altitude sem ganhar velocidade.

● **Skid - (Derrapagem Externa)**

Ocorre quando o piloto aplica leme demais em relação à inclinação lateral. Resultado: a aeronave derrapa para fora da curva, como um carro em curva que está rápido demais. O indicador se move para o lado oposto da curva. Causa: taxa de giro muito rápida para o ângulo de inclinação.

⚠ **Skids são perigosos, especialmente em curvas acentuadas e baixa velocidade — podem levar a estol com rotação (spin).**

●**Curva Coordenada (Coordinated Turn) – Figura da esquerda**

Inclinação e leme em equilíbrio. O indicador permanece centralizado. A curva é suave, segura e eficiente.

Reavaliação e Dicas Práticas

O voo continua

Checklist de Reavaliação Rápida

Assim como o piloto faz uma inspeção pós-voo, você também precisa revisar seus indicadores internos. Reserve 10 minutos e responda:

☐ Estou equilibrado emocionalmente (Horizonte Artificial)?

☐ Estou dosando bem meu esforço (Power Setting)?

☐ Minhas rotinas estão consistentes (Tachometer)?

☐ Estou executando no ritmo certo (Airspeed)?

☐ Minha tendência é de subida ou descida (VSI)?

☐ Tenho clareza de objetivos (Heading Indicator)?

☐ Estou adaptável às mudanças (Turn Coordinator)?

☐ Minha energia está bem gerida (Fuel Flow)?

☐ Estou evitando superaquecimento (EGT)?

☐ Minhas ações refletem meu propósito (CDI/Localizer)?

Dicas Práticas de Ajuste Imediato

- **Respiração 4-7-8** → 4s inspirando, 7s segurando, 8s soltando.
- **Regra dos 20 minutos** → 20 min de foco total em uma tarefa antes de qualquer distração.
- **Diário de bordo** → anote 3 vitórias do dia e 1 aprendizado.
- **Check-in energético** → avalie de 0 a 10 sua energia antes de iniciar o trabalho.

- **Agenda CAVOK** → reserve 1 hora na semana para revisar metas e alinhar prioridades.

Nova Oportunidade de Reavaliação (CAE)

Reaplique o **Quadro de Média por Instrumento**. Compare com sua primeira avaliação:

- Onde você evoluiu?
- Quais áreas ainda precisam de ajustes?
- Qual será seu próximo foco de desenvolvimento?

Lembre-se: não existe reprovação, apenas diagnóstico. Cada piloto tem seu tempo de preparação.

Navegação Complementar

Glossário Aeronáutico-Empresarial - Operações e Estratégia

Termo Aeronáutico	Definição Técnica	Equivalente Empresarial
Aeródromo Alternativo	Aeroporto secundário previsto para pouso em caso de emergência ou mudança de rota	Plano B: cenários de contingência e rotas alternativas
Altitude de Segurança	Altura mínima segura para evitar obstáculos e manter margem de manobra	Margem de tolerância para inadimplência ou instabilidade financeira
Briefing/Debriefing	Reuniões antes e depois do voo para alinhar e revisar procedimentos	Reuniões de alinhamento e avaliação de performance
CAVOK	Condição meteorológica ideal: visibilidade e teto livre, sem nuvens significativas	Ambiente favorável, sem turbulências ou restrições
CB (Cumulonimbus)	Nuvem de tempestade intensa, associada a turbulência, raios e risco operacional	Ambiente instável, ameaças externas ou internas que exigem atenção imediata
Centro de Gravidade (CG)	Ponto de equilíbrio da aeronave em relação à carga	Equilíbrio estratégico entre vendas, produção, finanças e pessoas
Certificado de Aeronavegabilidade	Documento que atesta que a aeronave está apta para voar com segurança	Credibilidade e reputação que permitem operar e captar recursos

Termo Aeronáutico	Definição Técnica	Equivalente Empresarial
Checklist de Viabilidade	Lista de verificação antes do voo para garantir segurança e conformidade	Avaliação final antes de iniciar a operação ou expandir
Combustível	Fonte de energia que alimenta os motores da aeronave	Capital de giro necessário para sustentar a operação
Controle de Tráfego (CTA)	Sistema que orienta e monitora aeronaves em voo e solo	CTI – Controle de Tráfego Interior: sistemas internos que orientam decisões e mantêm o rumo
Crachá de Comandante	Identificação oficial do piloto responsável pela aeronave	Investidura simbólica: momento em que o empreendedor assume o controle da operação
CRM (Crew Resource Management)	Técnica de gestão de recursos humanos e comunicação eficiente na cabine	Gestão inteligente de pessoas e recursos internos
Decolagem	Fase em que a aeronave ganha velocidade e deixa o solo	Início oficial da operação empresarial
Envelope de voo	Limites operacionais seguros de velocidade, altitude e carga	Limites operacionais da empresa: crescimento, endividamento, risco
Estol	Perda de sustentação por baixa velocidade ou excesso de ângulo	Queda de performance por excesso de carga ou falta de impulso
Flight Deck Challenge	Situações reais enfrentadas por pilotos durante o voo	Desafios reais enfrentados pelo comandante em operação

Termo Aeronáutico	Definição Técnica	Equivalente Empresarial
Fly-by-Wire	Sistema eletrônico que substitui controles mecânicos por comandos digitais	Automação inteligente e uso de tecnologia para decisões empresariais
MLW (Peso Máximo de Pouso)	Peso máximo permitido para pouso seguro	Capacidade de absorver resultados sem colapsar a estrutura
MTOW (Peso Máximo de Decolagem)	Peso máximo permitido para decolagem segura	Capacidade máxima de crescimento sustentável
Pane	Falha técnica ou operacional durante o voo	Crise operacional, financeira ou emocional
Peso e Balanceamento	Distribuição e quantidade de carga dentro dos limites seguros	Equilíbrio entre estrutura, carga operacional e capital de giro
Pouso Forçado	Aterrissagem não planejada por emergência ou falha	Encerramento emergencial da operação para preservar recursos e reputação
Taxiamento	Movimentação da aeronave no solo antes da decolagem ou após o pouso	Fase inicial de movimentação: testes, validações, primeiros passos
Torre de Controle	Unidade que coordena o tráfego aéreo e autoriza manobras	Planejamento estratégico e validação externa (consultores, mentores, mercado)

Glossário Aeronáutico-Empresarial

Navegação e Vetoração

Termo Aeronáutico	Significado Técnico	Equivalente Empresarial
Declinação magnética	Diferença entre norte verdadeiro e norte magnético	Desvio entre o que parece certo e o que realmente é certo (ex.: ilusões estratégicas)
DME (Distance Measuring Equipment)	Mede a distância entre a aeronave e uma estação de navegação	Ferramenta que mede proximidade entre a empresa e seus objetivos (ex.: KPIs)
Fixo	Ponto geográfico usado como referência na navegação	Marco estratégico ou meta intermediária no plano de negócios
GNSS (Global Navigation Satellite System)	Sistema de navegação por satélite (ex.: GPS)	Inteligência de mercado em tempo real (ex.: BI, análise de dados, geolocalização estratégica)
ILS (Instrument Landing System)	Sistema de aproximação por instrumentos que guia o avião até a pista com precisão	Ferramentas de precisão para tomada de decisão (ex.: indicadores, dashboards, métricas)
Ponto de não retorno	Distância após a qual não é possível voltar ao ponto de origem com segurança	Momento em que a empresa precisa seguir adiante com a decisão tomada, sem recuo possível
Radial	Linha imaginária que parte de uma estação VOR em determinada direção (grau)	Diretriz estratégica que parte de um ponto de referência (ex.: propósito, missão)

Termo Aeronáutico	Significado Técnico	Equivalente Empresarial
Rumo magnético	Direção em graus em relação ao norte magnético	Direção estratégica influenciada por fatores externos (ex.: concorrência, tendências)
Rumo verdadeiro	Direção em graus em relação ao norte geográfico	Direção estratégica alinhada com o propósito e visão da empresa
Vetores	Instruções de direção dadas pelo controle de tráfego para guiar a aeronave	Orientações táticas recebidas de líderes, consultores ou sistemas de gestão
Vetoração radar	Controle ativo da aeronave por radar, com instruções em tempo real	Gestão em tempo real com base em dados operacionais (ex.: fluxo de caixa, CRM dinâmico)
VOR (VHF Omnidirectional Range)	Estação de navegação que transmite sinais em 360° para orientar aeronaves	Fonte confiável de orientação estratégica (ex.: mentor, mercado, dados confiáveis)

Glossário de Instrumentos Técnicos e Metafóricos

Instrumento	Função Técnica na Aviação	Equivalente Emocional/ Empresarial
Horizonte Artificial	Indica a atitude da aeronave em relação ao horizonte (inclinação longitudinal e lateral)	Resiliência e equilíbrio emocional diante das adversidades
Power Setting (Manete de Potência)	Controla a potência dos motores, influenciando velocidade e desempenho	Esforço intencional e energia aplicada para avançar com propósito

269

Instrumento	Função Técnica na Aviação	Equivalente Emocional/ Empresarial
Fuel Flow	Mede o consumo de combustível por hora	Energia vital e sustentabilidade emocional ou operacional
Air Speed (Velocímetro)	Mede a velocidade do avião em relação ao ar	Ritmo de trabalho ou crescimento sustentável
Vertical Speed Indicator (VSI)	Indica a razão de subida ou descida da aeronave	Tendência de humor, progresso ou regressão emocional/empresarial
Turn Coordinator	Indica a taxa de curva e coordenação entre leme e ailerons	Equilíbrio emocional e capacidade de adaptação
Tacômetro (RPM)	Mede a rotação dos motores	Gestão do esforço interno: nem subutilizado, nem sobrecarregado
HSI (Horizontal Situation Indicator)	Combina informações de navegação para indicar direção e posição em relação ao destino	Clareza de objetivos e alinhamento entre intenção e direção
EGT (Exhaust Gas Temperature)	Mede a temperatura dos gases de escape do motor	Nível de estresse e carga mental acumulada
CDI/Localizer	Indica se a aeronave está alinhada com a rota ou pista desejada	Coerência entre propósito e ação; alinhamento entre discurso e prática
FMC (Flight Management Computer)	Computador de bordo que gerencia navegação, combustível e desempenho	Planejamento estratégico e tomada de decisão baseada em dados

Instrumento	Função Técnica na Aviação	Equivalente Emocional/ Empresarial
Painel de Voo	Conjunto de instrumentos essenciais para pilotar a aeronave	Autoconsciência e monitoramento constante da jornada emocional ou empresarial
Painel de Navegação	Conjunto de instrumentos que orientam a rota e o destino	Visão de longo prazo, metas e planejamento de trajetória

PAINEL CESSNA

Você no Comando

Nada se compara à sensação de sentar-se atrás do manche, acionar o motor, taxiar com precisão, conversar com a torre e, já no ar, monitorar cada instrumento com atenção total. Nas bolsas laterais da cabine, temos manuais, procedimentos e planos de voo — tudo o que é necessário para garantir uma jornada segura e um pouso perfeito.

É você no comando. E nos negócios, não deveria ser diferente.

Monitorar os instrumentos da sua vida e do seu empreendimento é uma tarefa inegociável. Para ajudá-lo nessa missão, este livro apresenta cards que funcionam como manuais, planos de voo e procedimentos operacionais. Eles foram criados para que você possa acompanhar sua saúde física e emocional, além de observar o andamento dos negócios com mais clareza e estratégia.

Monte seu próprio painel. Deixe-o visível. Atualize-o com frequência.

Porque o voo mais importante é aquele que você pilota todos os dias.

Em breve você encontrará vários materiais como cards e outros em www.hangardocomando.com.br

Exemplos de CARDS

CHECKLIST FUEL FLOW INTERNO
Ferramenta de Autoavaliação

DATA	Dormiu 7h?	Refeições Balanceadas	Hidratação	Pausas Programadas	Atividade Física	Controle de Estresse	Média Semanal	Prioridade 80/20
04/08/2025	5	5	1	5	5	5	8,66	
05/08/2025	5	5	5	5	1	5	8,66	
06/08/2025	5	5	5	5	1	5	8,66	
07/08/2025	5	5	3	1	1	3	3	ALTA

Exemplo de Checklist Pessoal – FUEL FLOW

Este card é um modelo para inspirar você a criar seus próprios checklists de desempenho pessoal.

O conceito de *Fuel Flow* aqui representa o fluxo de energia que sustenta sua performance diária como comandante do seu negócio.

Avalie-se com notas 1, 3 ou 5 em cada item, de acordo com sua rotina. Use a coluna de média mensal para acompanhar sua consistência e a coluna de prioridade 80/20 para identificar os hábitos que mais impactam seus resultados.

Adapte, personalize e crie seus próprios cards com base naquilo que mais influencia o seu voo empreendedor.

TACÔMETRO

Gestão de RPM

O que é
Gestão consciente do "ritmo de rotação" pessoal e profissional, saber quando acelerar, manter ou desacelerar.

Como funciona
Ajustando sua intensidade conforme a fase do projeto, as condições externas e suas reservas internas.

Por que dá resultado
Mantém desempenho consistente, evita danos "mecânicos" (saúde, motivação, relacionamentos) e aumenta a longevidade produtiva.

Exemplo de Instrumento Pessoal – TACÔMETROEste card é um modelo para ajudá-lo a monitorar o seu "ritmo de rotação" pessoal e profissional.

Assim como um tacômetro indica o giro do motor, este instrumento convida você a refletir sobre a intensidade com que está conduzindo sua rotina.

Está acelerando demais?

Mantendo o ritmo ideal?

Ou precisando reduzir para evitar desgaste?

RADAR METEOROLÓGICO DE MERCADO

Este card é um modelo para ajudá-lo a monitorar o "clima externo" que influencia seu voo empreendedor.

Assim como um radar meteorológico detecta nuvens, tempestades e clareiras, este instrumento permite que você visualize os **riscos**, **oportunidades** e **tendências** que estão se formando ao seu redor.

Use este exemplo para mapear:

Nuvens de risco: ameaças, concorrência, mudanças regulatórias.

Precipitação (oportunidade): novas demandas, comportamentos emergentes, canais em expansão.

Clareiras: espaços livres para ação estratégica — como nichos pouco explorados ou canais com baixa concorrência.

Exemplos práticos:

CRM e redes sociais revelando padrões de comportamento.

Relatórios de mercado apontando tendências ou alertas.

Crie seu radar meteorológico e o atualize com frequência.

Quanto mais clara a leitura, mais precisa será sua rota.

www.ingramcontent.com/pod-product-compliance
Lightning Source LLC
Chambersburg PA
CBHW061144220326
41599CB00025B/4349